Knaur.

Knaur.

Über den Autor:
Lars Weisbrod ist 1985 in Bremen geboren. Gerade studiert er in Köln und war als Teil der »Generation Praktika« hier und dort als Praktikant beschäftigt. Unter anderem für Yahoo! und jetzt.de schreibt Lars Weisbrod Kolumnen und Reportagen.

Lars Weisbrod

Oh, wie schön ist Parkhaus 4

Reisen um die Ecke

Knaur Taschenbuch Verlag

Besuchen Sie uns im Internet:
www.knaur.de

Originalausgabe April 2008

Ein Unternehmen der Droemerschen Verlagsanstalt
Th. Knaur Nachf. GmbH & Co. KG, München

Umschlaggestaltung: ZERO Werbeagentur, München
Umschlagabbildung: FinePic, München
Satz: Adobe InDesign im Verlag
Druck und Bindung: Nørhaven Paperback A/S
Printed in Denmark
ISBN 978-3-426-78057-2

2 4 5 3 1

»Ci sono cose nella vita che continuiamo
a desiderare anche quando le possediamo gia.«

»Manchmal träumt man noch von etwas,
das man schon längst besitzt.«

Werbeschriftzug in einem Kölner Möbelhaus

Inhalt

Vorwort

Ich reise nicht gern. Das heißt, ich muss mich da genauer ausdrücken, ich reise momentan nicht gern. Eigentlich halte ich Reisen in ferne und nahe Länder für eine der besten Möglichkeiten, die Zeit, die einem hier auf Erden gegeben ist, herumzukriegen. Doch möchte ich mir diese Möglichkeit aufbewahren, oder, pessimistischer formuliert, ich schiebe diese Aufgabe, zu reisen, hinaus. Ich weiß, das Hinausschieben ist keine Tugend, aber vielleicht lässt es sich ja in eine Tugend verwandeln.

Wer nicht reist, ist gezwungen, das, was vom Reisen erwartet wird, neue Eindrücke, bestaunenswerte Phänomene, eine neue Sicht auf die Dinge, zu Hause, bei ihm um die Ecke zu finden. Was macht er aus diesem Zwang? Ich habe versucht, ihm so gut es ging zu folgen, und die Ergebnisse niedergeschrieben.

Damit der geneigte Leser mir auf diesem Weg folgen kann, möge er die vorliegenden Texte als Reisereportagen betrachten, was zwar falsch, das aber wenigstens gleich zweifach ist: So bin ich weder verreist, um sie zu schreiben, noch sind es tatsächlich Reportagen, viel mehr Beobachtungen, Aufsätze und Erinnerungen, bei einem Text handelt es sich gar um eine Liebeserklärung, bei einem anderen um ein tendenziöses Pamphlet.

Dennoch, bei aller Unterschiedlichkeit der versammelten Texte, geht es in diesem Buch in erster Linie um Orte, welche ja die Essenz des Reisens bilden; in zweiter Linie um Architektur und Konsum, und schließlich geht es drittens auch um mich, denn ich habe das Buch ja geschrieben.

Baumarkt

Knüppelratschen, Stecknüsse, Drahtkrampen, alles heißt irgendwie, und es ist gut, dass alles irgendwie heißt. Selbst die unwichtigsten Dinge, bei denen man niemals gedacht hätte, dass es für sie ein Wort gibt, tragen einen Namen, bei dem man sie rufen kann, wenn man sie einmal sucht. Das weiß ich, seit mir jemand sagte, dass diese weißen Plastikgardinenleisten Kölner Bretter genannt werden und dass man sich sogenannte Schlaufengleiter kaufen muss, wenn man seine Schlaufengardinen daran aufhängen möchte. Die Namen solcher Dinge erfährt man vorwiegend auf Wissenschaftlerpartys, in Bibliotheken, in Internetenzyklopädien oder in Baumärkten. »Wo finde ich diese Dinger, die man in diese Dings schraubt, Sie wissen schon!«, sagt man dort zum Baumarktmitarbeiter und öfter, als man vermutet, weiß er es auch und verrät orakelgleich murmelnd die richtigen Namen der Dinge und wo man sie findet.

Baumärkte sind Orte, an denen man Namen erfährt, und als Unkundiger möchte man fast meinen, auch Orte, an denen Namen vergeben werden, wie in einer Taufkapelle. Denn erst, das weiß man so ungefähr aus der Bibel, werden die Dinge geschöpft, dann kriegen sie Namen und dann wird gesehen, dass es gut war. Manche Namen vergibt nur der große Schöpfer, den Rest dürfen sich die kleinen Schöpfer, also wir, ausdenken. Wer aufmerksam und viel zu viel Zeit habend herumschleicht, lernt überall sehr viel, aber wer einmal aufmerksam und viel zu viel Zeit habend durch die Regale eines Baumarktes schleicht, wird wohl mehr lernen als in fünf Semestern Medizinstudium. Na ja, vielleicht ist das übertrieben. Mehr als in vier Semestern Medizinstudium.

Dass der Baumarkt ein Ort des Schöpferischen ist, mag wie die hinterletzte kulturwissenschaftliche Feuilletonthese klingen, aber man weiß ja: Was wie die hinterletzte kulturwissenschaftliche Feuilletonthese klingt, muss deshalb noch lange nicht falsch sein (auch wenn es meistens falsch ist). Wo sich die Menschen früher große Jupitertempel auf ihre Hügel gebaut haben, da thronen bei uns nun Baumärkte und hoch oberhalb in überdimensionalen Buchstaben ihre Namen.

An viel zu heißen Sommerferiensamstagen besuchen wir ihre weitläufigen Parkplätze aus glühendem Asphalt, darum ist jedem Baumarkt schließlich eine Bäckerei mit Getränkeangebot vorgeschoben, sonst hielte man die heißen Sommerferiensamstage und den glühenden Asphalt gar nicht aus. Durch den immer provisorisch wirkenden Kassenbereich tritt man ein in die Hallen, die nicht weniger provisorisch wirken, denn alle Baumärkte müssen immer unfertig und hingeschludert aussehen, obwohl man in ihnen doch kauft, womit alles fertig und unhingeschludert werden soll. Drinnen türmen sich die Regale bis zur Decke, und die Decke hängt viel höher als anderswo, denn je höher die befüllten Regale, desto schöner der Konsum. Rechts Reihen von Zargen und Zwingen, geradeaus Teppichbodenrollen bis zur Decke, mächtig wie umgefallene antike Säulen. Zur Linken dann die Werkzeugabteilung, die Waffenkammer der Schöpfung: Säuberlich aufgereiht

hängen die schönsten Maschinen hier und sind zum Einsatz bereit: Äxte und Gipserbeile, Maurerhämmer, Schlosserhämmer, Latthämmer, Fiberglas- und Graphithämmer, Fäustel, mit Hickory-Stiel oder ohne. Daneben das Zubehör, Präzisionsschieblehren, Bügelsägeblätter. Denn nirgendwo ist Zubehör wichtiger als im Baumarkt.
Ein Baumarkt ist eine Stückchenwelt. Man kann hundert an einer Wand befestigte Türklinken drücken, in hundert aufgereihte Briefkästen spucken, funktionslose Treppenmodelle hinauflaufen und funktionslose Türmodelle öffnen, man kann sich in zwanzig Duschkabinen stellen, nur in die Badewannen kann man sich leider nicht legen, die dutzendweise senkrecht wie Waben in die Wand eingelassen sind. Dafür aber lassen sich alle fünfundfünfzig Klodeckelmodelle auf- und zuklappen. Baumärkte haben eigene Verkehrssysteme, Langholzausgänge und Warnhinweise vor Gabelstaplerverkehr, und vor allem haben sie ihre eigene grüne Lunge, ihr eigenes Stück Dschungel: die Gartenabteilung.

*

Das Haus meiner Kindheit wurde irgendwann in den fünfziger Jahren gebaut, dementsprechend empfand ich schon in jungen Jahren, dass es einiger Verschönerungen bedurfte. Ich hatte ein gewisses Interesse am Hausbau, schrieb in die *Meine Freunde*-Bücher meiner Freunde als Berufswunsch »Architekt« und entwarf detaillierte Umbaupläne unseres Anwesens. Es wurmte mich, dass es in unserem Haushalt an glitzerndem und modernem Werkzeug mangelte, wie es die Nachbarn besaßen, ich hätte gerne meinen eigenen Werkraum besessen. Aus diesen Ambitionen ist wenig geworden, aber in Baumärkte fahre ich heute noch gerne, auch wenn es dort eigentlich nichts für mich zu besorgen gibt und ich mir nur die schier unendlichen Möglichkeiten der Schöpfung anschaue.

Aber was schöpft man im Baumarkt denn? Die Welt? Nein, die ist ja schon da, und so groß sind Baumärkte auch nicht. Auch keine Länder, Städte oder Siedlungen, nein: Man schöpft sein Zuhause. Wenn Menschen durch einen Baumarkt schlendern, sehen sie die Splitter ihres Wunschheims, selbst wenn sie altersbedingt noch weit von Wunschheimgedanken entfernt sind. Sie denken an ein Heim im Grünen, an Baupfusch und jahrelange Gerichtsverfahren, an laue Sommerabende und die Gelegenheit, den Gästen die brandneue Wärmepumpe und die Solarzellenanlagen zu zeigen. Die Gesprächsthemen werden dann nicht mehr Sex, Derrida und Grey's Anatomy heißen, sondern Wärmeisolierung, Passivhaus und Einbauküche.

Schuld daran ist nicht etwa die neue Bürgerlichkeit, sondern der Baumarkt. Denn nur im Baumarkt gibt es Schwimmsolarleuchten, nur im Baumarkt gibt es Seegraskörbe für das Badezimmer und sechshundert Euro teure Pagodenlaternen für den Garten. Auf dem Kaskadenbrunnen daneben liest man »Für die Montage des Brunnens benötigen Sie das AC Pots Springbrunnen-Zubehör-Komplettset Typ A. Enthält: Becken, GFK-Deckel, Fittings und Pumpe mit LED-Beleuchtung«. Die meisten Menschen verstehen nicht, was das heißen soll. Aber es muss wohl ein Lebensalter geben, in dem man, weil man schon reichlich davon hat, keine Liebe, kein Geld und kein Ansehen mehr benötigt, sondern nur noch ein

Springbrunnen-Zubehör-Komplettset. Damit man sich endlich zufrieden in den Garten setzen und seine Notlosigkeit genießen kann beim Anblick des sprudelnden, LED-beleuchteten Wassers. Das ist die Geschichte, die der Baumarkt uns erzählt.

Möbelhaus

Der Löwe ist der König der Tiere, Champagner ist der König der Weine und Michael Wendler der König des Popschlagers. Der König des Einzelhandels hingegen ist das Möbelhaus, denn das Möbelhaus verkauft die größten Einzelhandelsgüter und überragt deswegen auch alle anderen Geschäfte mit seiner eigenen Größe. Man hat schon Möbelhäuser gesehen, die waren groß wie Atomkraftwerke oder namhafte Mittelgebirge und um sie einmal komplett zu durchqueren, bräuchte man Monate.

Doch das Königtum des klassischen Möbelhauses befindet sich im Niedergang, denn es wird ersetzt durch die moderne Ikea-Demokratie. Die Angabe Möbelhändler findet sich schon lange nicht mehr in den Listen der Traumberufe junger Menschen, und die großen Häuser am Rand unserer Städte weisen ein erstaunliches Missverhältnis zwischen Personal und Kundschaft auf. Selten, eigentlich nie, scheinen sie gut besucht zu sein, was den Verkäufern jede Menge Zeit gibt, die wenigen Besucher, die sich doch noch hierher verirren, mit wiederholtem Kannichihnenweiterhelfen zu malträtieren. Ein untrügliches Zeichen dafür, dass bald Schluss sein wird mit den Giganten der Industriegebiete. Das ist schade, denn so einiges geht mit ihnen verloren. Doch noch haben wir die Möglichkeit, dort einen Besuch abzustatten.

Zunächst einmal sind sie von architektonischer Außergewöhnlichkeit. Einerseits bieten die autobahnnahen Heimstätten von Möbel-Hans und Einrichtungshaus Fritz dem geneigten Betrachter die konsequente Umsetzung von rechteckigem, fenster- und schnörkellosem Bauen, denn Möbel brauchen weder Fenster noch Schnörkel und die Kunden sollen sich ja die Möbel angucken und nicht den Schnörkel oder zum Fenster raus. Andererseits und im krassen Gegensatz dazu verfügen Möbelhäuser meist aber auch über majestätische Glasfronten im Eingangsbereich, weitläufige Eingangshallen unter transparenten Kuppeln, mit galerieartigem Aufbau der einzelnen Abteilungen darüber – und im besten aller Fälle mit gewundenen Zugangsrampen, Wasserwänden, Springbrunnen und als Dschungel angemalten Voreingangsbereichen mit integrierter Tropical Bar.
Man muss sich das Ganze vorstellen wie die Lobby eines mondänen Luxushotels von der Art, wie es den meisten Möbelhauskunden nur aus dem Fernsehen bekannt sein dürfte. Ihnen bietet das klassische Möbelhaus eine willkommene Gelegenheit, mit etwas Phantasie einmal in die Urlaubswelt der oberen Zehntausend hineinzuschnuppern, während Ikea nur die Möglichkeit bietet, in die vergleichsweise langweilige Urlaubswelt der zehntausend scheinindividualistischen deutschen Skandinavienliebhaber hineinzuschnuppern.
Nicht weniger anziehend ist die Vorstellung, im Möbelhaus selbst zu wohnen, um dann so viele verschiedene Sofas zur Auswahl zu haben, dass man sie während seiner Lebzeit niemals alle ausprobieren werden kann, und so viele Küchen, dass man nie eine putzen werden muss, und

so viele Betten, dass man immer wieder in ein anderes plumpst, wenn man aus einem herausfällt.
Ich persönlich hatte als Kind allerdings noch ein anderes Interesse in diese Richtung. Möbel dienten mir damals nicht zu dem Zweck, zu dem Erwachsene sie nutzten (»Sachen reinstellen« ist ja auch ein sehr langweiliger Zweck!), sondern als erweiterte Wohnungen, Hochhäuser, Hauptquartiere und Nachschubbasen für meine Legofiguren. Je größer die Legowelt, desto besser, dachte ich mir. Was lag also näher, als sich in die Vorstellung zu flüchten, einmal ein eigenes Möbelhaus zu besitzen, nur um die Möbel mit Legofiguren zu bevölkern, wenn meine Mutter wieder einmal darauf drängte, ins Schreibtischregal doch bitte die Bücher zu stellen und nicht die Operationszentrale zu verlegen. Leider habe ich bis heute kein eigenes Möbelhaus, so dass mein Lego gezwungen ist, ein ihm sehr unwürdiges Dasein auf dem Dachboden meines Elternhauses zu führen.
Möbelhäuser offenbaren allerdings auch, durch ihren Niedergang noch verstärkt, große Missverhältnisse zwischen Anspruch und Wirklichkeit. Wahre Klüfte tun sich dort auf, die – wie alle großen Klüfte – wahrlich sehenswert sind. In ihnen wird beispielsweise »Junges Wohnen« angeboten, doch ist das Möbelhaus ein Ort totalitärer Unjugendlichkeit. Kaum ein junger Mensch käme jemals auf die Idee, in ein klassisches Möbelhaus zu fahren. Junges Wohnen im Möbelhaus ist die Vereinigung des Unvereinbaren, denn dass man jung wohnt, zeichnet sich ja gerade dadurch aus, dass man keine Möbel aus dem Möbelhaus besitzt, sondern vom Sperrmüll, Flohmarkt oder aus den Restbeständen, die der Ex-Mitbewohner nicht

mehr auf seinen Anhänger bekommen hat. Junges Wohnen hat nur so lange überhaupt eine Funktion, wie damit Jugendzimmer gemeint sind. In dem Fall entscheidet aber gar nicht der Jugendliche, was gekauft wird, sondern seine Eltern, maximal unter pädagogischer Scheinbeteiligung des Kindes. Wäre es anders, sähen Jugendzimmer nicht so aus wie das, was man im Möbelhaus sieht, sondern wahlweise wie Heavy-Metal-Höllen, von den Mitgliedern der Band Slipknot persönlich kaputtgeschlagen, oder wie eine Liebesgrotte im Strandhaus von Paris Hilton (ich werde mich später für dieses Jugendbild entschuldigen). Junges Wohnen richtet sich also niemals tatsächlich an junge Menschen, sondern an alte, die versuchen, sich vorzustellen, wie junge Leute wohnen. Das sieht man ihm an, vom Schrankbrett bis zum Bettpfosten.

Ebenso fehl am Platz im Möbelhaus wie »Junges Wohnen«, und doch genauso häufig anzutreffen, ist avantgardistische Modernität, in jeglicher Form. Einmal sah ich futuristisch designte Stühle, versehen mit großen Warnhinweisen, wie man sich auf sie zu setzen habe. Bei Nichtbeachtung drohe Sturzgefahr! Wer auch immer Stühle, auf die man sich nur nach Lesen einer Anleitung setzen kann, für modern halten mag, er liegt falsch. Möbelhäuser sollten nicht versuchen, Design an der Grenze zur Kunst feilzubieten; solche Objekte wirken meist schon albern, wenn sie in ihnen angemessenen Orten, in Museen oder Galerien aufgestellt werden. In Möbelhäusern, in denen Verkäufer in schlechten Anzügen und hässlichen Krawatten herumschleichen, neben Tinnef für dicke Frauen und der Landhausstilabteilung, wirken sie vollkommen lächerlich.

Und noch an einem dritten versucht sich das klassische Möbelhaus immer wieder, ohne die geringste Chance, es jemals zu erreichen (und was ist sehenswerter als tragisches Scheitern? Im Theater muss man dafür Eintritt zahlen): Exklusivität. Wirklich reiche Menschen lassen sich ihre Möbel individuell anfertigen beim spleenigen Luxusschreiner in Brooklyn oder kaufen sie wer weiß wo, Davos, St. Tropez, Sylt, aber sicher nicht im Möbelhaus am Rande der Stadt. Trotzdem wird dort immer auch ein sogenanntes Hochpreissegment angeboten und womöglich sogar gekauft. Vermutlich von Menschen, die etwas reich sind, aber nicht so richtig und diesen wahrlich bedauernswerten Zustand des Dazwischenhängens öffentlich machen wollen, indem sie Hochpreissegmentmöbel aus stinknormalen Möbelhäusern kaufen. Wahrscheinlich, um sich in dem Mitleid, das ihnen daraufhin von jedem Gast in ihrer Wohnung entgegengebracht wird, zu suhlen.

*

Ich war einmal in einem schon besonders stark degenerierten, sechsstöckigen Exemplar der Königsfamilie Möbelhaus, indem dieses dreifache Versagen auf grausame Weise vorgeführt wurde. Das Möbelhaus gibt es aus mir unerfindlichen Gründen im Industriegebiet meiner Heimatstadt schon, seit ich denken kann, während andere Geschäftslokale täglich die Besitzer zu wechseln scheinen. Trotzdem hatte ich bis vor kurzem noch nie einen Fuß in das Haus gesetzt, und mir war auch nicht von nur einem meiner Bekannten bekannt, dass sie oder er hier schon mal ein Möbelstück erworben hätte. Suchten wir einen Schreibtisch oder Kleiderschrank für mich, steuerte meine Mutter mit mir zahlreiche Möbelhäuser an, dieses jedoch nie. Soweit ich mich erinnere, hielt sie einen Besuch der hohen Preise wegen für wenig aussichtsreich. Positioniert an der Zufahrt einer Geschäftsakkumulation, war das überdurchschnittlich große Gebäude bedeckt mit Werbetafeln auch für die übrigen Läden dort, so unter anderem auch mit einem »Toys'r'us«-Schriftzug. Ich, in meiner kindlichen Naivität, dachte damals natürlich, dieses und überhaupt jedes Toys'r'us sei ein sechsstöckiges, weitläufiges Gebäude, angefüllt mit Spielzeug bis unters Dach, mit einer Auswahl an Lego, groß genug, um schließlich alle Schränke im Elternhaus in Weltraumbasen zu verwandeln ... So kann man sich irren! Kein Spielzeug also, aber was hatte es dann zu bieten? Viele Jahre später beschloss ich, meiner Unkenntnis Abhilfe zu schaffen. Als ich das teure Möbelhaus betrat, wurde ich von einer Dame begrüßt, die an einem eher improvisiert wirkenden Empfangstisch saß. In der Galerie darüber gab es ein Büro mit Blick auf den Eingangsbereich, aus dem ich mich beobachtet fühlte. Um zu den dem Gebäude unangemessen engen Treppen zu gelangen, quälte ich mich durch eine Abteilung, angefüllt mit abscheulichen Lampen und hässlichem Zierat. Dieser erste, abschreckende Eindruck verfestigte sich während des weiteren Umherstreifens. Das, wie gesagt, sechsstöckige Gebäude war nahezu kundenleer. Mir war es und ist es immer noch ein Rätsel, wie sich dieses riesige Möbelhaus über all die Jahre rentieren konnte, ohne dass sich an einem Dienstagnachmittag ein einziger Kunde in den sechs Stockwerken verläuft.

Von diesen Jahren sah man ihm auch jedes einzelne an, was einen noch seltsameren Kontrast zu den Ausstellungsstücken der hohen Preisklasse erzeugte. Schilder wiesen auf ein Rauchverbot hin, mit der Begründung »Die Polizei erlaubt es nicht« – eine Formulierung, die doch mindestens dreißig oder vierzig Jahre alt sein muss. Dunkel und bedrückend war es dort drin, die Angst vor den patrouillierenden Angestellten, die in keinerlei Kundengespräche verwickelt waren, da es keine Kunden gab, saß einem förmlich im Nacken. Und dann sollte man hier einen Couchtisch »Speier«, Design by Christian Speier, eiche- oder nussbaumfarbig, gebeizt und geölt für knapp zweitausend Euro kaufen! Oder einen TV-Hifi-Ständer »Yuppie« für fast eintausendfünfhundert Euro!
Selbst die oberste Etage erfüllte nicht, was man sich von obersten Etagen verspricht. Man konnte auf das gegenüberliegende Ikea blicken (zu diesem Zeitpunkt sicher stark besucht) und jene besonders ausgefallenen Möbelstücke bewundern, bei denen man unweigerlich denkt: Was für eine merkwürdige Form von Modernität an dem für Modernität wohl unpassendsten Ort, einem dreißig Jahre alten Möbelhaus ohne Besucher!
Ich war zutiefst irritiert, verstand, warum ich hier bisher noch nie nach Möbeln gesucht hatte und suchte den Ausgang. Eine Art überdimensionierter Wintergarten, Ausstellungsraum für Gartenmöbel, hoch über der angrenzenden vierspurigen Straße mit Verteiler, blieb mir als einziger Teil des Hauses, mit etwas Phantasie aufgetakelt, als netter Platz in Erinnerung. Könnte man hier wohnen, hätte man immerhin einen erstaunlichen Blick bis hinüber in die Stadt. Das Übrige war gezeichnet von jenen glei-

chermaßen furchterregenden wie reizvollen Klüften und Schluchten zwischen Anspruch und Wirklichkeit.

*

Nun klingt es ganz so, als sei alles im Möbelhaus nur sekundär schön und auf den ersten Blick ziemlich traurig. Das ist aber vollkommen falsch. Denn nichts ist weniger traurig, als auf wenigen tausend Quadratmetern die Lebenswelten und Wohnungseinrichtungen ziemlich aller soziologisch relevanten Gruppen der Bundesrepublik Deutschland sehen zu können. Möbelhäuser sind wie Städte. Ohne Plan kann man sich in ihnen verlaufen. Ihre Stadtteile sind gegliedert nach Einkommen und gesellschaftlichem Stand: dort die Joop-Möbel und die Musterring-Ausstellung und weiter hinten der Discountmarkt, in dem windschiefe Schränke durcheinander stehen ohne Ordnung, während das Personal das höfliche »Guten Tag« durch ein joviales »Hi« ersetzt hat. Dazwischen liegen Hunderte Parzellen mit manchmal lieblos, manchmal unwahrscheinlich treffend eingerichteten Beispielwohnräumen:

Ein Esstisch für zwölf Personen, festlich gedeckt mit weißem Porzellan und geschmückt in Lavendelfarben und mit Blumen, die nur in Altbauwohnungen mit höchsten Decken nicht die Kronleuchter berühren.
Man stelle sich vor: *Man sei etwas über dreißig, habe endlich die richtige Partnerin gefunden, fürs Leben, wie man so sagt. Hier feiert man nun, im engsten Kreis der Großfamilie die Verlobung. Vergnügen und Zuversicht sind am*

reichlich gedeckten Tisch genauso vorhanden wie Zwist und Streit (die Tante, ihr neuer Liebhaber, der Bruder des Schwiegervaters, sein Erbe, der Neffe, die Drogen), doch nichts trübt das Gefühl von Geselligkeit.

Ein anderer Esstisch, dessen metallisch-schwarze Stühle viel zu schmale Lehnen haben, die Dekoration diesmal eine abstrakte Pflanze aus dünnen Rohren, die wie technisches Gestrüpp über dem Tisch hängen.
Man stelle sich vor: *Man sei etwas unter dreißig, habe nach einem beruflichen Karrieresprung nun die Pflicht bei seinem Gönner und Vorgesetzten in größerem Kreis ein Abendmahl einzunehmen. Ein gealterter, kunstinteressierter, doch intellektuellenfeindlicher Self-Made-Man, der Ausgefallenheit mit Stil verwechselt und seine eigene Erfolgsgeschichte abendfüllend erzählen kann und erzählt. Man sitzt auf den Stühlen mit den zu schmalen Lehnen, hört die Geschichte und quittiert sie im Kreis der Gäste durch konspiratives Augenrollen.*

Wohleingerichtete Traumküchen mit jeglichem Zubehör, vollkommen ebene, zimmergroße schwarze Flächen, in denen alle Schränke und Utensilien verschwinden, und freistehende Arbeitsplatten, so groß, dass sie die Schreibtische mancher Vorstandsvorsitzender von börsennotierten Unternehmen übertreffen. Man traut sich nicht, etwas anzufassen, aber würde man die Schränke und Schubladen öffnen, ich bin mir sicher, sie würden sich so lautlos bewegen wie amerikanische Spezialeinheiten im Antiterrorkampf.
Man stelle sich vor: *Man sei achtzehn, die Eltern des rei-*

chen Schulfreundes nicht da, nach St. Tropez gefahren, um sich eine neue Werkbank schreinern zu lassen. Daher also eine große Feier, denn der Schulfreund hat sturmfrei, wie man so sagt, viele junge Menschen sind dort, es ist schon später, der ein oder andere Fleck auf dem Teppich und die Garderobe bereits abgerissen; in der Küche geht es zu lauter Musik wild her, nicht bloß sexuell, man kommt auf die Idee, in die Maschine, die Wasser mit Kohlensäure versetzt, Bier einzufüllen, das ja bereits Kohlensäure enthält. Das Ergebnis dieses Experiments ist eine große Sauerei, wovon die noble Küche und die betrunkenen Heranwachsenden gleich unbeeindruckt bleiben. Noch so manches wird sich heute Nacht in dieser Küche zutragen, vielleicht gibt es sogar Streit und es fließt Blut, in jedem Fall erinnern sich die Gäste an diese Einbauküche im Hause der reichen Eltern ihres Freundes noch einige Male in den vielen Jahren, die noch vor ihnen liegen.

Landhausschlafzimmer in naturbelassenem Holz, runde Knäufe auf allen vier Pfosten des Bettes.
Man stelle sich vor: *Man sei zwölf und zu Besuch bei den Verwandten auf dem Lande. Langeweile hängt über den Tagen wie schwerer Nebel, Freunde sind nicht zu erreichen, und man verbringt seine Nachmittage im Landhausschlafzimmer und tritt aus Frust die Knäufe von den Pfosten. Die Eltern und Verwandten sind auf einem Ausflug, denn das Wetter sei ja noch gut und später die Sonne sicher nicht mehr am Himmel, also gingen sie lieber noch einmal los. Diesmal hat man sich weigern können, zur Mühle oder durch die Weinberge, was einem alles als dasselbe vorkomme, doch Zuhausebleiben sei auch keine Lö-*

sung gewesen (sie wird auch in späteren Jahren keine werden). Es ist das größere von zwei Übeln, und so starrt man, die Lustigen Taschenbücher *unlustig zur Seite geworfen, auf die Landhausmöbel, deren naturbelassenes Holz sich für lange Zeit einprägen wird und bei jeder zukünftigen Begegnung einen leichten Schauer verursacht.*

Cremefarbene Sitzlandschaften auf Füßen, die wie umgedrehte Champagnergläser daherkommen, die Sitze manchmal trapezförmig, manchmal zur Seite abknickend, manchmal mehr Liege als Sitz, jedenfalls nie eine ordinäre gerade Sofalinie formen wollend.
Man stelle sich vor: *Man sei etwas über vierzig, mache »so etwas mit Investment« und hat gerade sein Haus in bester Stuttgarter Lage bezogen, im Wohnzimmer wartet der Blick über die große Terrasse hinweg, auf Tal und Stadt. Die ihm angemessene Couchgarnitur ist gerade geliefert, und man schickt sich an, Probe zu sitzen bei einem Glas Wein, und es gibt keine etwaige Leere, die Haus, Couchgarnitur und Wein nicht füllen könnten, denn man ist eine dieser Personen, die dank ihrer grenzenlosen Selbstgefälligkeit eben nicht in der Lage sind, solche Leeren zu empfinden.*

Tiefdunkles Tropenholz, gefärbt im Herzen der Finsternis, verarbeitet zu elaboriert-geschnörkelten Schränken und Betten mit eleganten Maserungen, die jeder Hitze zu widerstehen scheint. Dazu schwarze Porzellanelefanten aus Serienproduktionen, afrikanische Gemäldekunst und nach Savanne ausschauende Gräser.
Man stelle sich vor: *Man sei etwas über fünfzig, verschlep-*

pe seine Midlife-Crisis und dehne sie aus wie mancher seine Pubertät. Seit geraumer Zeit fährt man samt Gattin einmal im Jahr in den Afrikaurlaub, auf diesen »faszinierenden Kontinent«, wie man nicht müde wird zu betonen, diesen »Kontinent des Staunens«. Man schwärmt von den großartigen Menschen dort mit einer Begeisterung, die kritische Geister nicht recht verorten können zwischen Philanthropie und Sensationslust. Die aus Beruf und Sexualleben abgezogenen Energien verwendet man nun vollkommen auf diesen Freizeitbeschäftigung gewordenen Kontinent, auch über die immer länger dauernden Urlaubsaufenthalte hinaus. Man liest Bücher, schaut Filme und hört Musik, die sich damit beschäftigen oder von dort stammen, und schließlich richtet man auch sein Schlafzimmer der Afrikaliebe entsprechend ein.

Schlafzimmer in den Farben Rot und Schwarz.
Man stelle sich vor: *Man sei Sonnenstudiobesitzer oder im Puff.*

In Marmoroptik angemalte Styroporsäulen, mit verwelktem Lorbeer ausstaffiert, zwischen Sofaliegen und Repliken antiker Venusbüsten.
Man stelle sich vor: *Man sei in einer römischen Villa, nachgebaut für den Dreh eines Erotikfilms.*

Ein schönes Wohnzimmer, ein gemütlicher Fernsehschrank, ein bequemes Sofa, ein schöner Teppich.
Man stelle sich vor: *Man sei ein schöner Mensch mit einem schönen Beruf in einer schönen Wohnung in einer schönen Stadt.*

Im Ikea kann man sich nichts vorstellen, dort kann man nur seine Möbel kaufen und Würstchen essen. Der Baumarkt sei, habe ich in aller Bescheidenheit gesagt, ein Ort der Schöpfung – der Schöpfung als Akt, möchte ich hinzufügen. Denn der Ort, an dem Schöpfung als Ergebnis bestaunt werden kann, ist das dem Baumarkt verwandte Möbelhaus. »Das Ergebnis der Schöpfung«, mag der geneigte Leser einwenden, »kann man sich doch überall angucken, du Idiot!« Ja, das stimmt schon, aber zum Möbelhaus ist es nicht so weit wie nach überallhin.

Bar

Es war ein spätsommerlicher Montagabend, elf Uhr, und mein Plan sah vor, einen investigativen Test durchzuführen. Ich wollte mich an eine beliebige Theke der Stadt setzen, trinken und herausfinden, ob man mit Barkeepern und Tresenkräften wirklich über seine Probleme reden kann, wenn gerade sonst keiner da ist, dem man sie anvertrauen will. Diese Frage quälte mich schon seit langem, immer wieder schob ich ihre Beantwortung vor mir her, doch selbst für den größten Aufschieber kommt der Zeitpunkt, an dem ihm das Aufschieben lästig wird.
Ich befand mich auf dem Weg nach Hause und beschloss in einem für mich ungewohnten Akt von Spontaneität, dass dieser Zeitpunkt genau jetzt sein soll. Ich ging also an meinem Heim vorbei, wo ich vor Computer und Fernseher noch versackt wäre, und wandelte eine der großen Straßen meines Stadtteils entlang. In einigen Lokalen waren die Stühle schon auf die Tische gestellt, dort würde ich also kein offenes Ohr mehr finden. Anderswo trank man noch an, gegen die montagabendliche Ausgestorbenheit. Mir fiel es schwer, mich zu entscheiden.
Mein erster, halbherziger Versuch sollte schließlich eine leicht angestylte Bar sein, etwas zurückgesetzt an einer Straßenecke. Betont lässig fragte ich den Barkeeper, ob ich hier wohl noch ein Kölsch kriegen könne. »Selbstverständlich« war die routinierte, unbeeindruckte Antwort.

Aber ich ließ mich nicht aus dem Konzept bringen, ich hatte einen Plan. Im Detail funktioniert er so: Ich versuchte, so unglücklich wie möglich zu wirken. Ein Kölsch nach dem anderen zu trinken. Vor mich hin zu starren, ins Bier. Bis sich der richtige Moment ergab, um der gastronomischen Vertrauensperson den Grund meiner Stimmung mitzuteilen: Meine Freundin hätte mich gerade verlassen. Das war zwar eine Lüge, und eigentlich ist es nicht gut, mit solchen Dinge unwahrhaftig umzugehen, doch diente die Sache ja dem Zweck der Aufklärung. Außerdem schienen mir meine tatsächlichen Probleme zu unverständlich und komplex, als dass ich den Barkeeper damit schnell und sicher in ein Gespräch verwickeln könnte. Meine tatsächlichen Probleme hob ich mir für später auf, sie waren etwas für den Fortgeschrittenen auf dem Gebiet des Bargesprächs.
Nun, um es kurz zu machen, in der ersten Bar war ich nicht sehr erfolgreich. Während die beiden Männer neben mir am Tresen in ein ungewöhnlich intellektuelles Gespräch verwickelt waren, es ging um romanische Kirchenbauten, glaube ich, sprachen der Barkeeper und ein weiterer Gast das letzte Spiel des FC Szene für Szene durch. Der Barkeeper war also viel zu abgelenkt, um meine Starrerei zu bemerken. Ich versuchte, noch intensiver zu starren, aber es half nichts, nur mein Kölsch wurde regelmäßig ausgetauscht. Nach kurzer Zeit schon zahlte ich und zog weiter. Die Atmosphäre der Bar gefiel mir, wäre sie nicht zu weit entfernt von meiner Wohnung, hätte ich mir vorstellen können, meine Abende hier öfter zu verbringen. Aber es war die falsche Atmosphäre für einen gebrochenen Mann, der um seine Liebe trauert. Und auch für

einen, der so tut, als sei er ein gebrochener Mann, der um seine Liebe trauert. Ich musste also irgendwohin, wo der süße, einlullende Geruch des Scheiterns in der verrauchten Luft hing.

*

Es gibt schließlich Dutzende Arten von Bars, es ließe sich mit Sicherheit eine abschweifende Typologie erstellen:

Hausbar
Hausbars findet man zumeist in Kellern oder Garagen langweiliger Menschen. Dekoriert wurden sie vor langer Zeit mit Amerikaflaggen, denn Hausbars sind Symbole für Abenteuer, Prärie, Route 66 und Freiheit im Allgemeinen. Neben den Flaggen hängen Witzplakate, auf denen Sechzigerjahre-Zeichnungen unterschiedlicher Frauenbrüste abgebildet sind, beschrieben mit metaphorischen Bezeichnungen wie »Mückenstiche« und »Pampelmusen«. Denn Hausbars stehen auch für Junggesellentum und Lebenslust. Die durchschnittliche Hausbar enthält keine besonders große Auswahl an Alkoholika, meistens beschränkt man sich auf Asbach, Cola, Asbachcola (von der letzten Kellerparty übrig), mehrere verstaubte Weine und Sekte, die man geschenkt bekommen oder aus dem Spanienurlaub mitgebracht hat, und Ramazotti, sofern es eine Gattin im der Hausbar angegliederten und namensgebenden Haus gibt. Es mag auch elaboriertere Formen der Hausbar geben, doch vermute ich, dass diese sich in den Anwesen unserer Reichen und Möchtegernreichen befinden. Hier werden sie zufällig vorbeischauenden

Kamerateams präsentiert und in Bezug auf verwendete Holzsorten eingehend erläutert, doch niemals tatsächlich benutzt, da die Besitzer laut Eigenaussage dafür sowieso keine Zeit haben. Funktional betrachtet sind sie also gar keine Hausbars und können daher vernachlässigt werden.

Minibar

Minibars haben standardmäßig folgenden Inhalt: eine Coca-Cola-Reliefflasche, eine Fanta, Bier, Sekt, ein angegammeltes Körbchen mit abgelaufenen Süßigkeiten sowie einen durch Kordel gegen Diebstahl gesicherten Flaschenöffner, was darauf schließen lässt, dass Minibars vorwiegend von notorischen Flaschenöffnerdieben genutzt werden. Abgesehen von ihnen gibt es eine weitere Zielgruppe, die sich für Minibars interessiert: Kinder. Denn Kinder finden alles interessant, erst recht wenn es ihnen verboten wird, und die Coca-Cola aus der Minibar zu nehmen wird ihnen natürlich verboten, denn erstens »dürfen sie keine Cola« und zweitens ist sie in der Minibar zu teuer. Im Prinzip ist gegen die Minibar aber nichts einzuwenden, denn sie bietet bei ausreichender Belegung die Möglichkeit, sich komplett volllaufen zu lassen, ohne das Hotelzimmer verlassen zu müssen oder dem unfreundlichen Zimmerservicemann nachts um halb drei in Unterhose die Tür zu öffnen. Es gibt eben Tage, da möchte man nicht vor die Tür, und warum sollte man sie nicht im Hotel verbringen? Solche Tage darf man allerdings nicht zu oft durchlaufen, denn sonst sind finanzielle und psychologische Schwierigkeiten zu erwarten. Minibar also okay, »Minibar« hingegen gar nicht okay. Soll heißen: Die Sache ist gut, das Wort dafür ist eine Zumutung, ein Euphemismus unterster Schublade, ganz unterster, noch unter der, wo die schlechten Wortspiele drin sind. Wenn man einen gammeligen alten Kühlschrank Minibar nennt, dann könnte man auch zu einer Kochplatte Minirestaurant oder zur Dusche Minischwimmbad sagen. Das Wort Minibar sollte für richtige, sehr kleine Bars reserviert bleiben, zum Beispiel solchen für die Modelleisenbahn.

Strandbar

In Strandbars sitzt man auf unbequemen Stühlen und hat später Teile des lieblos aufgeschütteten Sands in der Hose, es ist dort aber trotzdem schön, denn es gibt Tiki-Lampen und Fackeln, die im Boden stecken. Die Beliebtheitskurve der Strandbar ist konsequent an die Beliebtheitskurve des Piratenfilms gekoppelt, denn in beiden Fällen geht es um Geborgenheit und Palmen. Im flackernden Licht der Fackeln tanzten sich einst schwarze Voodoo-Priesterinnen in Ekstase, zu berauschender Drum'n'Bass-Musik. Von dieser Ekstase verspricht uns die Strandbar auch eine Kokosnussschale voll (zehn Euro mit Strohhalm), ein falsches Versprechen natürlich, wie alle Versprechen, die Produkte uns machen. Das andere Versprechen der Strandbar lautet, dass aus jedem auch noch etwas werden kann, für das er eigentlich ungeeignet ist. Denn was wäre ungeeigneter für eine tropische Strandbar als die steinige Uferfläche eines mitteleuropäischen Flusses?

Hotelbar

In einer Hotelbar hingegen traf sich einst das schönste Paar der Filmgeschichte und vielleicht auch das hässlichste Paar der Filmgeschichte, aber dabei bin ich mir nicht sicher. Neben Paaren der Filmgeschichte sind die Hauptexportartikel der Hotelbar Streichholzschachteln und geklaute Getränkegläser. Hotelbargäste bezahlen, glaubt man dem Klischee, ihr nur halb geleertes Getränk (Scotch) immer mit einem Fünfzig-Dollar-Schein, selbst wenn die Hotelbar in Europa ist. Sie können es sich aber auch leisten, denn es handelt sich bei den Gästen in den meisten Fällen um als Eiskunstläuferinnen verkleidete russische Topspione, die Hotelbars nutzen, um Informationen auszutauschen, sowie Unterhändler, die hier Verträge unterzeichnen, und andere Unterhändler, die die Verträge dann wieder brechen. Häufig fällt das Taschentuch einer Dame zu Boden und wird von einem Gentleman aufgehoben, während am Tisch daneben ein sehr schlecht gekleideter Vertreter in sein Bierglas stiert, weil den von ihm feilgebotenen Ein-Euro-Bückwaren »gerade ein bisschen die Zugkraft fehlt, weißt Du«, wie er eben noch unaufgefordert einem der russischen Topspione mitgeteilt hat. Im schlechtesten Fall besteht die Gästeschaft der Hotelbar nur aus solchen Vertretern, dann ist die Bar ein Ort der bodenlosen Depression, wie ihn nur der frühe Spätkapitalismus gebären konnte, der aber jetzt schon wieder vorbei ist, was der ganzen traurigen Gemengelage zu allem Überfluss auch noch einen Touch von Anachronie verleiht. Eine Ausnahme zu diesem Stammpersonal findet man übrigens in Hotelbars der Stadt Wien, welche schließlich bekannt ist als »Stadt der Ausnahmen«. Hier saß ich einmal und las Christoph Ransmeyers hervorragenden Roman »Die letzte Welt«, den ich nie beendet habe, weil ich irgendwann vergaß, bis wohin ich schon gelesen hatte.

Während der Lektüre füllte sich die Lobby mit sogenannten Maturanten in Ballkleidung, später sprach mich eine Gruppe Ballschönheiten in Wiener Dialekt an, und ich verstand erst nicht, was sie sagen wollten. Eine der Maturantinnen wirkte sehr niedergeschlagen, wenn nicht gar »verheult«, und mir wurde wohl die eher rhetorische Frage gestellt, wie mir ihr Outfit gefalle, mit dem Ziel, der niedergeschlagenen Dame Bestätigung zu verschaffen. Dummerweise antwortete ich etwas wie »Na ja, Ihr Kleid ist nicht ganz mein Fall«, worüber ich mich heute noch ärgere. Wie wäre der Abend weiterverlaufen, wäre mir auch nur ein bezauberndes Kompliment eingefallen? Ich weiß es nicht.

Jazzbar

Jazzbars sind die evolutionsgeschichtlich am weitesten entwickelte Form der Bar und machen daher auch am meisten Freude. Alle wollen schließlich eines Tages nach New York auswandern, um Textschreiber für eine junge, aufstrebende Jazzsängerin zu werden, und wo sollte das Textschreiben und Aufstreben anders geschehen als in einer Jazzbar. Man darf allerdings keinen zu engen Begriff von solch einer Bar haben und sollte in Ausnahmefällen auch Einrichtungen miteinbeziehen, die hier in Deutschland den Namen »Kabarettkeller« tragen. Voraussetzung ist, dass nette, mit Getränken versorgte Menschen aller Altersklassen an kleinen Tischen um eine Bühne herum gruppiert sind, auf der ein Klavier steht. Am Klavier sitzt eine Frau oder ein Mann, und optional steht vor dem Klavier ebenfalls eine Frau oder ein Mann. Hin und wieder lasse ich mich zu der These hinreißen, Frauen gehörten in schwarze Abendkleider vor ein Klavier in eine verrauchte New Yorker Jazzbar, was ich keinesfalls sexistisch meine, sondern nur in Ermangelung einer besseren Begründung von mir gebe, wenn ich gefragt werde, warum ich Rockbands mit Sängerinnen nicht mag. Also, wie gesagt, die Person vor dem Klavier darf ruhig auch ein Mann sein, Hauptsache er ist angeleuchtet, während das Publikum seinen guten Liedern aus dem Dunkeln heraus lauscht und sich sublimiert fühlt. Selbst für den Künstler auf der Bühne kann der Abend nicht schöner sein. Rockkonzerte funktionieren genau andersherum, denn auf ihnen ist es immer noch cooler, die Rockband zu sein als das Publikum. Das ist natürlich in Ordnung, solange es Jazzbars gibt, die einem das Gefühl vermitteln, dass es auch andersherum sein kann.

*

Noch eine andere Art von Bar lag auf meinem Weg: eine Eckkneipe. Eine sogenannte typische Eckkneipe. Von außen konnte man das dunkle, alte Holz erkennen, aus dem dort drin alles geschnitzt war. Fünf Männer saßen an der Theke, dahinter stand eine Frau, um die vierzig (das Schätzen von Lebensjahren fällt mir allerdings schwer, erst recht in Kneipen dieser Art). Ich setzte mich dazu, bestellte abermals ein Kölsch und versuchte mich in eine möglichst melancholische Stimmung zu versetzen und zu trinken. Die Inneneinrichtung entsprach in etwa dem, wie man sich eine Eckkneipe oder ein Stammlokal vorstellt: An der Wand hing ein FC-Mannschaftsbild. Hinter mir lief ein Fernseher, den niemand beachtete. Das ganze Lokal war eigentlich klein, wodurch wir sieben eng versammelt um die Theke wie die eingespielte Besatzung eines Schiffes wirkten, auf dem niemand vermisst wird. Ich trank mein Kölsch und blickte dabei auf den Tresen: Er war mit zinnoberroten Quadraten gekachelt, auf denen wiederum Sonnen abgebildet waren, deren Ränder aus Kringeln bestanden. Die Kacheln und das Rot anzuschauen beruhigte mich, ich dachte darüber nach, ob es mich auch beruhigt hätte, hätte mich meine Freundin an diesem Abend tatsächlich verlassen.

Wie es an Stammtischen und zufälligen, stammtischartigen Gebilden wahrscheinlich üblich ist, sprachen zwei der Männer die meiste Zeit, während die anderen größtenteils schwiegen. Zu meiner Linken saß ein Mann mit schwäbischem Akzent, er und ein Kölner mit gescheitem, etwas streberhaftem Ton führten gerade einen Disput darüber, inwiefern sich die Mentalitäten der Kölner und Stuttgarter voneinander unterscheiden. Die beiden anderen Männer, die bei den Dialogführern saßen, konnte ich in der Schummrigkeit nicht recht erkennen, einer jedenfalls wirkte wesentlich älter als die anderen, er trug ein zerknittertes Gesicht und das Haar eines alten Mannes. Zu meiner Rechten saß ein weiterer Gast, der nicht zu den anderen zu gehören schien. Vor ihm standen Bier und Schnaps, aufmerksam las er die regionale Boulevardzeitung, Seite für Seite. Der Mann war nicht sehr groß, untersetzt und trug den Haarkranz um seine Halbglatze etwas länger, er sah also insgesamt aus wie ein Trottel, zumindest ein wenig. Ich dachte darüber nach, was er wohl tun wird, wenn er die Zeitung zu Ende gelesen hat, vergaß die Frage über dem nächsten Kölsch allerdings wieder.

Als er seine Lektüre später dann tatsächlich beendet hatte, verabschiedete er sich und verließ das Lokal.
Am meisten gefiel mir die Wirtin der Kneipe, sie wirkte freundlich, jovial, aber im Grunde bescheiden, in gewisser Weise besaß sie etwas Mütterliches und Gutmütigkeit, Einfachheit und Freude, die notwendig waren, um an den Gesprächen ihrer Gäste teilzunehmen; zurückhaltend, aber so, als sei es ohne sie nicht dasselbe. Im Nachhinein ist es fast traurig, dass ich ihren Namen nicht kenne, jedenfalls fällt mir keiner ein, der ihr Wesen vernünftig erfassen könnte.
Die Musik in ihrer Kneipe konnte man ebenfalls als typisch bezeichnen, ich erinnere mich allerdings nur noch an zwei Lieder, die ich gehört habe: *Griechischer Wein* und *Hotel California.* An das zweite, weil der Gescheite die Wirtin gebeten hatte, es lauter zu stellen, es sei eines seiner Lieblingslieder. Zu dem Zeitpunkt muss ich schon einige Kölsch getrunken haben, und, auch wenn ich bezüglich des Plans mit dem Problemgespräch noch keinen Deut weitergekommen war (ich hatte abgesehen vom Notwendigen bisher geschwiegen), der Plan bezüglich der melancholischen Stimmung ging auf. Mein angestrengt trüber Blick muss sich dann mit einigen zufriedenen Seufzern gemischt haben. Ich lauschte mit ungewöhnlichem Interesse den weiteren Gesprächen und beobachtete die roten Sonnen unter meinem Glas. Der Gescheite sprach einmal auch über die deutsche Romantik, was mir passend erschien, denn ungefähr wie die Versammlung von uns sieben hatte ich mir sie immer vorgestellt. Als später einer der Männer austreten (in diesem Zusammenhang scheint mir das Wort angebracht) war, betrat ein weiterer

das Lokal. Er nahm den Platz des Abwesenden ein, woraufhin die Wirtin ihn freundlich ermahnte: »Da sitzt der Hans.« »Da sitzt der Hans«, das fand ich ganz außergewöhnlich, ich wünschte mir, ich könne auch einmal wie dieser Hans sein, dessen Platz von einer freundlichen Wirtin verteidigt wird. Mir erschien das alles sehr erstrebenswert in diesem Moment.
Im Nachhinein habe ich gedacht, dass mein Gefallen an diesem Ort sich auch als eine Disposition zum Alkoholismus interpretieren ließe. Falls dem allerdings tatsächlich so ist, sind Dispositionen zum Alkoholismus viel schöner, als ich sie mir immer vorgestellt habe.
Dann allerdings passierte etwas Blödes. Ich wollte aufbrechen und vorher die Gelegenheit nutzen, doch noch mit der Wirtin ins Gespräch zu kommen. Ich überlegte und beschloss mit der Frage einzusteigen, wie lange noch geöffnet sei, um dann zu ergänzen, ob die lange Arbeitszeit für sie nicht anstrengend sei. So hätte ich ein allgemeines Gespräch über Probleme einleiten können, dachte ich, in meinem schon etwas von Kölsch vernebelten Kopf. Die Wirtin antwortete irgendwas und informierte mich über die allgemeinen Öffnungszeiten und darüber, dass ich jederzeit wieder vorbeischauen könnte. Ich konnte in ihren Worten Nettigkeit nicht mehr sicher von Geschäftstüchtigkeit unterscheiden, fühlte eine Art Enttäuschung und verabschiedete mich. Die wohlige Atmosphäre hatte durch meinen Gesprächsversuch zumindest ein paar Risse abbekommen. Man sollte doch lieber schweigen, wenn es nicht nötig ist, zu sprechen. Sonst versaut man alles.
Dann torkelte ich nach Hause. Ich torkelte, obwohl gar keine Notwendigkeit bestand, sich zu betrinken, denn

mich hat ja gar keine Freundin verlassen. Auch hatte ich keine neuen Freunde gefunden an diesem Abend, meinen eigentlichen Plan aus den Augen verloren, und ich vermutete schon da, dass ich am nächsten Morgen eher schaudernd auf den Abend zurückblicken würde.
Das alles hält mich allerdings nicht davon ab festzustellen, dass ich recht zufrieden gewesen sein muss, an der rotgekachelten Theke. An der rotgekachelten Theke, so hieß die Eckkneipe leider nicht.

Tankstelle

Es ist kurz nach zwei Uhr in der Nacht, und ich steige aus dem Auto. Im Radio läuft bereits das Nachtprogramm. In dieser Sommernacht liegt etwas Kühles in der Luft und der Geruch von Benzin, natürlich. Ich schiebe den Zapfhahn in den Tank, die metallischen Geräusche klingen angenehm in der nächtlichen Stille, die schließlich vom Rauschen der Zapfsäule gänzlich abgelöst wird: Fließendes Benzin gluckert durch die Leitungen. Mir ist danach, eine Zigarette zu rauchen, aber zum einen ist Rauchen an Tankstellen natürlich nicht gestattet, und dann rauche ich auch gar nicht, habe es nie getan.

Ich bin allein. Ich versuche den Zähler bei genau zehn Euro anzuhalten. Meistens geht er darüber. Wenn man dann zehn Euro und zwei Cent bezahlen muss, verlangen die Tankwarte nur zehn Euro. In tausend Jahren könnte man sich so ein Vermögen anhäufen.

Neben meinem Wagen fährt ein weißer Golf vor, aus dem schlechte, laute Musik zu hören ist. Eine junge Frau in weißer Hose und Feierlaune geht mit schnellen Schritten zum Eingang der Tankstelle. Ich bleibe noch einen Moment stehen, um der schlechten Musik zuzuhören und mit dem Fuß mitzuwippen. Alles um mich herum erscheint im gelben Licht der Tankstellenfarbe, die Autos, die Zapfsäule, die Wascheimer, die Frau mit der weißen Hose.

Mit den Jahren, denke ich, gab es nur noch blaue und gelbrote Tankstellen, alle anderen Farben verschwanden.

Nur noch elektrisches Blau und warmes Gelbrot. Obwohl ich anderswo immer für die Auswahl war und für die Vielfalt, für unüberschaubares Angebot, macht es mir nichts aus, bei den Nachttankstellen. Nachts, sagt das Klischee, sucht man nicht das unüberschaubare Angebot, sondern das Vertraute, Blau und Gelb, Muschel und Raute. Nachts, sagt das Volkslied, ist der Mensch nicht gern alleine. Ich bin alleine. Aber, denke ich, es gibt Tankstellen, an denen wäre ich alleiner (ich denke tatsächlich »alleiner«). Tankstellen, an denen der Angestellte durch eine dicke Glaswand von mir getrennt wird, über die hinweg man sich nur mit Hilfe von umständlichen Gegensprechanlagen verständigen kann. Ich respektiere das Sicherheitsbedürfnis von Menschen, die in der Nacht arbeiten müssen, aber ich habe Gegensprechanlagen schon immer gehasst, seit ich ein Kind war, weigerte ich mich, in sie hineinzusprechen.

Es friert mich. Die junge Frau kehrt gerade zurück zu ihren Freunden im Golf. Ich würde ihr gerne sagen, dass ich sie mag. Vor mir gleiten die Schiebetüren der Tankstelle auf. Was für ein Zufall muss es doch gewesen sein, dass sich alles genauso entwickelt hat, denke ich, das Automobil, der Treibstoff, die Tankstelle, die erweiterten Ladenöffnungszeiten, die Erweiterung des Sortiments. Die Kühlschränke geradeaus, die Snackregale zur Linken und an der Kasse Straßenkarten. Es ist warm hier drin, ein warmer Platz in der Nacht. Die Frau hinter der Kasse lacht.

Nachts schlafen die Menschen eigentlich, heißt es. Doch häufig schlafen sie nicht, sondern wälzen sich stattdessen ungeduldig in ihren Kissen und denken daran, wie viel lieber sie sich mit jemand zusammen in ihren Kissen wälzen würden. Oder sie ziehen um die Häuser, wie man so sagt, oder sie machen sich in der Küche noch ein Brot. Es schlafen also nicht alle Menschen in der Nacht. Gerade darum muss es auch einen geben, der auf sie aufpasst, auf die unruhigen Nachtmenschen, die sich allein in den Kissen Wälzenden, die Brot Machenden und die um die Häuser Ziehenden noch mehr als auf die, die ruhig in ihren Betten schlafen.

Früher gab es einmal Nachtwächter. Nicht diese Männer in dunkelblauen Hemden, die auf die Bürotürme am Rande der Stadt aufpassen, wenn alle anderen längst gegangen sind, sondern Nachtwächter, denen die Sorge um die ganze Stadt und ihre Bewohner aufgetragen wurde. Wächter, die eine Laterne in der Hand durch die Gassen schlenderten und nach dem Rechten sahen. Es gibt solche Nachtwächter nicht mehr, denke ich, vermutlich, weil ihnen keiner je ein Lied gewidmet hat oder ein Gedicht oder eine Skulptur, nur einmal ein Maler ein Bild, aber das war nur ein Versehen. Es gibt keine Nachtwächter mehr, aber sie haben würdige Nachfolger gefunden. Die Frauen und Männer in den Nachttankstellen. Sie sind unsere Nachtwächter zwar mehr aus Versehen, weil sie eben sowieso noch wach sind, aber sie sind es immerhin. Brauchen wir nachts noch Brot, um es uns in der Küche zu machen, haben sie welches für uns. Haben wir uns verirrt im Auto ohne Navigationssystem, verkaufen sie uns einen Stadtplan. Kennt man die Nachttankwarte persönlich, dann kann man sogar zu ihnen, um zur Geisterstunde seinen Kummer und seine Sorgen loszuwerden.

Einmal hat mir ein Mädchen erzählt, als Kind habe sie nie einschlafen können, und als sie dann so wach im Bett lag, sei es schrecklich für sie gewesen, denn sie dachte, sie sei der einzige Mensch auf der ganzen Welt, der noch wach ist. Es wäre tatsächlich schrecklich, der letzte wache Mensch auf der Welt zu sein, fast so schrecklich wie der letzte überhaupt zu sein. Aber irgendwann fand sie natürlich heraus, dass es Krankenhausärzte gibt und Schichtdienst und Zeitverschiebung und Nachttankstellen, und sie konnte vielleicht nicht ruhiger schlafen, aber immerhin ruhiger nachts wachliegen.

Das Traurige ist, dass den Beschützern der nächtlich Einsamen keine Ehre widerfährt. Sie bekommen keine Bundesverdienstkreuze, sie werden für ihre Arbeit sogar noch bestraft. Mit lächerlichen Stundenlöhnen und, vielleicht noch schlimmer, mit Langeweile. Sie müssen sich durch Nachtschichten quälen, in denen nichts passiert, dabei hätten sie es verdient, dass ihnen jede Menge Gutes zustößt, Heiratsanträge und Geldgeschenke sollten ihnen gemacht werden in der Nacht und Geheimnisse offenbart, die allen anderen verschlossen bleiben. Den Frauen und Männern in ihren gelbrot und blau leuchtenden Burgen. Wie feindliche Raumschiffe, die gerade gelandet sind, seien die Tankstellen, sagte einmal jemand. Ich halte das für eine sehr treffende Metapher, besser könnte ich es niemals formulieren, nur sind es keine feindlichen Raumschiffe, sondern freundliche.

Geldautomat

Dem Geldautomat wird in der Kunst allgemein zu wenig Beachtung geschenkt. Dabei ist er eine der erstaunlichsten Neuerungen des letzten Jahrhunderts und hat, da können Sie jeden arbeitslosen Kulturwissenschaftler fragen, unseren Umgang mit Geld vollkommen auf den Kopf gestellt. Es gab einige wenige, zaghafte Versuche, sich dem Automaten anzunähern. »I'm working for the cash machine« singen Hard-Fi, kommen damit aber nicht sehr weit. Da ist es schon aufschlussreicher, sich die visuelle Umsetzung ihres Liedes zu Gemüte zu führen: Im Video sieht man das Innenleben eines Geldautomaten, in dem kleine Männer, mit Gesichtern schwarz und gezeichnet von Arbeit und Mühsal, Bäume fällen, Papiermühlen betreiben und Geldscheine drucken, welche dann schließlich aus dem Schlitz herausgereicht werden, irgendwelchen Jungspunden, die es gleich darauf verjubeln. Die Arbeiter in der Geldmaschine, geschunden und sicher ohne Arbeitsschutz und Sozialversicherung, stammen aus der Zeit der industriellen Revolution oder aus China. Damit bilden sie eine wunderbar konträre Welt zu dem bunten Gute-Laune-Phantasieland aus der Werbung, in der knuffige Automatenwesen uns die Coca-Cola-Flaschen abfüllen.

*

Will man den Bankautomaten jedoch vollkommen verstehen, ist es eine ganz bestimme Situation, die man unter die Lupe nehmen sollte: Saturday Night, ein großer Platz einer großen Stadt, vor den Geldautomaten bilden sich Schlangen von Menschen, die sich Samstagabends sonst niemals in gemeinsame Schlangen stellen würden. Opernbesucher in Anzug und Kostüm, R'n'B-Chicks in weißen Hosen und hochhackigen Schuhen, Menschen, die nach Punkrock aussehen, Menschen, die nach Eltern aussehen, und Menschen, die nach gar nichts aussehen. Daneben liegen meist Obdachlose, die die Bank aus ihrem Foyer ausgesperrt hat. (Dieses Vorgehen löst in den meisten Fällen überhaupt erst die Schlange vor dem Automaten aus, weil jetzt keiner mehr an die zahlreichen Geldautomaten im Foyer herankommt. Ich persönlich würde ja lieber nicht Schlange stehen und dafür ab und zu im Foyer über einen Obdachlosen oder Erbrochenes klettern, draußen muss ich das schließlich auch.)
Nun muss man also Schlange stehen, und es entsteht eine ungeplante, doch willkommene Pause im samstagnächtlichen Ausgehexzess. Für einen Moment kehrt Ruhe ein in die zappelige Moderne. Manchmal tippelt man dennoch nervös hin und her, verlagert das Gewicht vom einen Fuß auf den anderen und wieder zurück, weil man sich noch nicht an das ungewohnt demütige Warten gewöhnt hat. In schlechten Fällen musste man zuvor mehrere Stationen mit der U-Bahn fahren, durch die halbe Stadt, weil man Kunde einer dieser Banken mit den wenigen Filialen ist, aber gleichzeitig zu geizig, an fremden Automaten die Gebühr zu zahlen. Die nächtlichen Fahrten zum Geldautomaten werden dann so etwas wie eine mo-

derne Pilgerfahrt, die zu absolvieren ist, bevor es Erlösung gibt. Oder eben Geld.

Am Verhalten während der Eingabe der Geheimnummer lässt sich die Paranoia des Vordermannes ablesen, am Rattern der Geldauszahlmaschine leider nicht sein Vermögen, denn sie rattert ja immer gleich, egal wie viel sie ausspuckt. Ist man selbst an der Reihe, muss man für einen Moment aus der glitzernden Samstagabendwelt aussteigen und eintauchen in die Bildschirmgestaltung und Menüführung der Bankunternehmen, langweilig und umständlich wie der Besuch bei Verwandten auf dem Land.

Oft wird gefragt, was mit all den alten Computern geschieht, die jedes Jahr überflüssig werden, weil ihre Besitzer sich aufgerüstet haben. Ich persönlich vermute, alle alten Prozessoren stecken jetzt in Geldautomaten, anders ist es nicht zu erklären, dass so alberne und einfache Vorgänge ohne jegliche grafische Herausforderungen so lange dauern können. Der Pfandflaschenautomat im Supermarkt braucht doch auch keine halbe Minute, um eine Flasche zu erkennen. Und mit Sicherheitsaspekten braucht man mir jetzt auch nicht zu kommen. Als ob auf den Konten der Leute genug Geld vorhanden wäre, dass sich Betrug lohnen würde.

Nachdem man sich also auf diese fast schon analoge Welt des Geldautomaten eingelassen hat, gibt es dann irgendwann Geld. Das ist das eigentliche Geheimnis: Es gibt Geld. Einfach so. Es komme aus der Wand, sagt man. Und selbst Volkswirtschaftler in höheren Semestern versichern mir, dass sie über diese Erkenntnis, das Geld komme aus der Wand, noch nicht hinausgekommen sind, zumindest nicht weit. Gut, da gibt es Geldmarktpolitik und Leitzinsen, da gehen Landesbanken pleite, und der Nickelpreis fällt, weil Amerikaner ihre Hypotheken nicht zurückzahlen können, wie es in der *Süddeutschen Zeitung* einmal so treffend formuliert wurde. Notenbankpräsidenten treten zurück, Bewertungsagenturen wird die Schuld in die Schuhe geschoben, aber was ist das alles gegen anschauliches Geld, das aus einer anschaulichen Wand kommt? Wer versteht das? Das Mädchen in der weißen Hose? Sicher nicht. Die Opernbesucher? Vermutlich auch nicht. Die Punkrocker? Noch am wahrscheinlichsten. Alles in der Welt ist voller Scheinerklärungen, doch im Wirtschaftsteil der Zeitungen stehen die meisten. Warum dann nicht gleich die simpelste Scheinerklärung nehmen? Das Geld kommt aus der Wand. Vielleicht werden die beiden Seiten der Medaille, die da unsere Zeit heißt, nirgendwo so deutlich: Alles ist kompliziert, aber eigentlich ist es wieder einfach. Nur manchmal eben nicht, dann ist das Geld alle.

Der Geldautomat ist eine gute Sache, aber das heißt nicht, dass man ihn nicht noch besser machen kann. Es ist nun einmal so: Eine Blasenentzündung tut weh, ein Knorpelschaden im Knie tut weh, und die Wahrheit, die tut auch manchmal weh. Eine Bank meiner Stadt hat ihrer Geldautomatensoftware eine klitzekleine Programmzeile hinzugefügt. Ein fast verschwindend geringer Aufwand, doch mit großem Ergebnis. Mit ihr kommen wir der Wahrheit nämlich wieder ein Stückchen näher: Bei jedem Abheben wird nun, ob man will oder nicht, der aktuelle Kontostand angezeigt. Das ist ein Schritt in die richtige Richtung, alle anderen Banken sollten ihn ebenfalls tun.

Manche mögen es masochistisch nennen, jedes Mal zu sehen, wie wenig sie doch haben, aber andere (und zu ihnen zähle ich auch) würden sagen, das ist es, was die Welt braucht, einen Schuss mehr Masochismus.

Elektronikmarkt

Hinter mir schließen sich die elektrischen Schiebetüren, und vor mir liegt ein ganzes Reich voller Schätze:
Oh, elektrische Zahnbürsten! Ich bin ein Kenner und Schätzer jeglicher Zahnputzinnovationen: Ultraschall, Vibration, Zeitanzeige, verfärbende Borsten, was auch immer es Neues gibt, ich würde mir damit gerne die Zähne putzen. Der Verkäufer schwärmt von Oszillationszahlen, maximalen Putzgeschwindigkeiten, einunddreißigtausend Umdrehungen pro Minute. Ach, Rasierer! Seit mir Bart wächst, rasiere ich mich von Hand, aber immer mit dem Gedanken spielend, mir einen elektrischen Rasierapparat zu kaufen. Ich vergleiche Schnittlängen und suche nach dem perfekten Gerät, um mir einen gleichmäßigen Dreitagebart stehen zu lassen und nicht mehr das ewige Auf und Ab des Wachsenlassens und Abschneidens durchmachen zu müssen. Körperhaarschneider, Nasen- und Ohrhaarentferner, der verlockende Ruf der Schönheit wartet hier in der Kleinelektroabteilung.
Elektronikmärkte sind in den letzten Jahren viel getadelt worden. Man werde dort nicht beraten, die Verkäufer seien unfreundlich und die Werbekampagnen gleich schuld am wirtschaftlich-moralischen Niedergang einer ganzen Nation. Möglicherweise ist das alles richtig; sicherlich sogar. Doch Elektronikmärkte können auch löblich sein, man darf eben nur nicht versuchen, sich beraten

zu lassen, etwas zu kaufen oder auf ihre Werbekampagnen hören. Elektronikmärkte sind der beste Zeitvertreib, wenn man auf etwas warten muss: das Auto in der Werkstatt, den Arzttermin oder bis der Bus kommt.
Einer meiner Lieblingselektronikmärkte befindet sich im obersten Stockwerk eines großen Kaufhauses. Von der Decke hängen goldene Kugeln weit hinunter, man könnte sich an ihnen festkrallen, würde man stürzen (aber man stürzt nicht). Von unten glitzert die Parfüm- und Schmuckabteilung hinauf. Bei meinen Streifzügen zur Vertreibung der Wartezeit achte ich penibel auf die Dramaturgie. Der Rundgang muss ein großes Crescendo sein, am Anfang die uninteressantesten Abteilungen – Großelektro, Küchengeräte, Kaffeemaschinen, die wie kleine Tiere aussehen –, am Ende die interessantesten. Computer.
Ach, Car-Hifi! Was sind sie gescholten worden, all die Autotuner. Gut, es ist richtig, dass sie sich lieber einmal etwas Schickes zum Anziehen kaufen sollten, als ihr Auto schick zu machen. Aber was ist einzuwenden gegen ein Autoradio mit unüberblickbaren Funktionen und gegen bebenden Sound aus dem Kofferraum? Nur pedantische Menschen, die immer an der Jugend herumkritteln wollen, erkennen die Vorteile nicht. Lange Zeit träumte ich von einem Autoradio mit Minidiskplayer, immer wieder bin ich an den Autoradios vorbeigeschlichen, hin und wieder habe ich sogar mit Verkäufern darüber gesprochen, allein das Geld konnte ich nicht guten Gewissens ausgeben. Die Zeiten der Minidisk sind nun vorbei. Jetzt müsste etwas mit USB-Anschluss für den MP3-Player her. Aber bisher fahre ich immer noch mit der gleichen Adapterkassette, die schon den Minidiskplayer ersetzte.

Eine Adapterkassette, gekauft wo? Natürlich im Elektronikmarkt, beim Zeitvertreib. In der Abteilung für Zubehör. Aber erst später zum Zubehör. Das Beste aufbewahren für den Schluss! Erst noch die Autoradios betrachten, mit allem Schnickschnack und in allen Farben. Und die Navigationssysteme. Hier habe ich die besten Modelle zum Greifen nah. Ach! Wenigstens einmal darauf herumdrücken und dann hinüber in die Fotoabteilung.

He, Digitalkameras! Manchmal leihe ich mir eine digitale Spiegelreflexkamera aus. Wäre das nicht klasse, selbst eine zu besitzen? Und erst die ganzen Objektive, die Taschen, das Zubehör, all die fachlichen und technischen Dinge, von denen ich keine Ahnung habe. Es ist schön zu wissen, dass es immer noch tausend Wissensgebiete gibt, auf denen man nicht die leiseste Ahnung hat, und für die man sich interessieren könnte, wenn einem das Leben sonst wenig bietet und ein Hobby gesucht ist.

Ui, Videokameras! Es gab einmal eine Zeit, da wollte ich Filmregisseur werden. So eine digitale Videokamera wäre ein guter Anfang. Gut, ich bräuchte noch einen Computer mit der passenden Leistung, damit ich auch schneiden kann. Aber zu den Computern komme ich später erst. Das Beste für den Schluss aufbewahren! Dreißig Gigabyte Festplatte in einer Kamera. Mein Computer hat kaum mehr. Zweitausendfacher digitaler Zoom. Wahrscheinlich absolut überflüssig, wer braucht schon digitalen Zoom. Aber die Zahlen sind es, die zählen. Die Pixelanzahl. Man sieht sie schon um einen herumfliegen, die Millionen Bildpunkte. Wunderbar. Es ist wie mit Spielzeug, man will nicht eines, man will alles. Das ist auch das Problem mit jeder Art von Diät: Man dürfe ja auch die ungesunden

Dinge essen, aber in Maßen. Wer will schon in Maßen Ungesundes essen? Bevor man etwas in Maßen tut, kann man es auch gleich ganz sein lassen.
Ich liebe die Farbe der Technik, ein silbernes Anthrazit-Grau, glitzernd und trotzdem stumpf, so eben, dass man einen Eishockeyweltcup darauf austragen könnte. Es ist ein erhabenes Gefühl, die Geräte in die Hand zu nehmen. Immer wieder gibt es Berechnungen, wie viel Lebenszeit Menschen mit welcher Tätigkeit verbringen: an der Ampel warten, Händewaschen. Wie viele Stunden oder Tage verbringen sie wohl damit, Geräte zu berühren, die sie niemals kaufen werden?
Uh, MP3-Player! Die kleinen, wohlgestalteten Geräte, Schmuckstücke, die jede Kleidung zieren. Wo der König früher Reichsapfel und Zepter trug, da hätte er heute in der einen Hand einen MP3-Player und in der zweiten Hand einen anderen. Dass die traditionellen Tonträger verschwinden, das liegt nicht an der Einfachheit oder den vielfältigen Möglichkeiten von digitalen Audiodateien, das liegt an der Schönheit der Abspielgeräte, diesen Preziosen. Gegenüber liegen die Mobiltelefone.
Oh, Mobiltelefone! Schon so manchen Euro habe ich in meinen jungen Jahren den Mobiltelefonherstellern in den Rachen geworfen, immer auf der Suche nach dem neuesten Modell, mit den meisten Funktionen. Ich bin besessen von der Idee, dass alle Gerätenutzungsarten, die man sich ausdenken kann – Telefonieren, Fotografieren, das Abspielen von Musik, Navigation, Zähneputzen, Ultraschalluntersuchungen –, dass das alles mit einem einzigen Gerät möglich sein sollte. Das Mobiltelefon bietet die einzige wirklich Science-Fiction-Perspektive als Multitool in

der Hosentasche, wo die Raumfahrt doch so schleppend vorankommt. Es ist ein Vergnügen, die kleinen Geräte aus der Sicherheitshalterung zu lösen und zu spüren, wie sie in der Hand liegen. Der Kapitalismus hat eine verführerische Waffe, den Konsum. Und mit dieser Waffe beschießt er uns zu jeder Zeit.

Da, das Zubehör! Die Kabel! Die verführerische Macht des Zubehörs liegt im Preis. Das ist doch nur Zubehör, das kann man doch mal mitnehmen. Erst recht, wenn man sich daran erinnert, wie viele technische Probleme man bloß durch das richtige Zubehör zu lösen im Stande ist. Zubehör, Zubehör, du verbindest die Welt miteinander. Ein Kindheitstraum von mir war es, alles mit allem zu vermanschen und alles mit allem zu verbinden. Ersterem kam ich mit meinem Grundschulfreund nach, indem wir aus verfaulten Äpfeln und allen Zutaten, die in der Küche zu finden waren, eine braune Sülze herstellten und versuchten, sie zu verkaufen. Auf dem Weg zu Zweitgenanntem hingegen hat uns USB einen großen Schritt vorwärts gebracht. Was wir jetzt noch brauchen, sind USB-Anschlüsse an unseren Haustieren und USB On-the-go, damit wir den Hund direkt an die Katze anschließen können. Dann ist die Welt endlich universally serially bussed. Was wir dafür brauchen, finden wir in der Zubehörabteilung.

Herrje, DVD-Recorder mit eingebauter Festplatte! Die können Time Shift, dann kann man nach Hause kommen um elf, gucken, was um Viertel nach neun kam, und gleichzeitig aufnehmen, was bis zwölf noch läuft. Und schick sehen sie aus. »Hey, komm zu mir, ich hab Time Shift«, würde ich gerne sagen.

Hach, Plasmafernseher! Wände voller stromfressender Plasmafernseher, irgendwie krisselt ihr Bild, und irgendwie sind Flachbildschirme nie so richtig flach, so flach wie Papier oder wenigstens wie eine Messerschneide, irgendwie sind sie trotzdem immer klobig, und ihre Kartons sind riesig, kein Mensch kann sie tragen, aber es sind eben Flachbildschirme, wer würde sie nicht haben wollen.

Ich drehe mich im Kreis, um einen Überblick zu gewinnen.

Da! Die Computer in graublauen Kartons, umwickelt mit dem Geschenkband des Sicherheitsetiketts. Runde Dosen erinnern daran, dass hier nur steht, was gekauft werden muss, hier gibt es nichts umsonst. Alle Momente kommen einem ins Gedächtnis, in denen man neue Computer auspackte, die vielen Zettel beiseitelegte und das Ding zum ersten Mal anschaltete. Alles sauber und rein, ohne jede Vermüllung von Dateien und Ordnern, es lief schnurrend, und nirgendwo war eine Fehlermeldung in Sicht. Was kann es Schöneres geben als ein Weihnachten ohne Fehlermeldung und mit jungfräulich-unbenutztem Desktop. Schon nach ein paar Wochen stellen sich die ersten Probleme ein: dieses nervt, jenes stört. Dann fallen die Nachteile des Gerätes auf, und irgendwann beginnt man es zu verfluchen, damit man sich ein neues kaufen kann.

Das Faszinierende im Elektronikmarkt ist, zu sehen, wie Geräte, die man zu Hause hüten würde wie seinen Augapfel, einfach so herumstehen, wie sie ja eigentlich im Überfluss vorhanden sind. Elektronikmärkte sind eine Art Geheimarsenal, wie man es sich als Kind gewünscht hat, in dem alles, was man braucht oder auch nur brauchen könnte oder von dem man auch nur denken könnte,

dass man es einmal brauchen könnte, in dem das alles säuberlich aufgereiht vorhanden ist, in chromglitzernden Schränken und in zehnfacher Ausführung. Alle berühmten Helden haben so ein Geheimarsenal: Batman seine Höhle, Bond M's Labor und Ottonormalmensch den Elektronikmarkt. Die Anordnung von elektronischen Geräten in Reihen und Regalen, in mannigfaltiger Ausführung und ständiger Bereitschaft hat einen Reiz, der über die Funktion der Geräte noch hinausgeht. Ein Elektronikmarkt ist mehr als die Summe seiner Teile. Jedes Stück hier verspricht, das Leben besser zu machen. Aufrüsten, heißt das Wort, das uns umtrieb, als Jugendliche. Aufrüsten, das war früher etwas Schreckliches, das verhindert werden musste, weil sonst die ganze Welt dem Ende geweiht war, inklusive aller ihrer Elektronikmärkte. Aber dann kam das Heimcomputerzeitalter, und jeder Jugendliche, der sich nicht alle naselang einen neuen Rechner kaufen konnte, sprach vom Aufrüsten. Er rannte in die Abteilung mit Computerkomponenten und dachte über diese Karte nach, über jenes Laufwerk, über Arbeitsspeicher und Bildschirmgröße. Ob er sich dann jemals auch etwas davon gekauft hat, vielleicht, der ein oder andere, aber die meisten wohl nie. Da blieb es bei dem Wort. Aufrüsten.
Hu, CDs! Ja, DVDs! Ho, Software! Jeder Elektronikmarkt hat eine Abteilung mit Daten, um die Hardware zu füllen. Denn was wäre das eine ohne das andere? Warum sollte man MP3-Player anbieten, wenn einem nichts einfiele, was man darauf abspielen könnte? Warum sollte man Plasmafernseher haben wollen, wenn es nichts gäbe, was man darauf sehen will? Die Datenabteilung veredelt

den Elektronikmarkt, sie verschafft ihm Transzendenz über den Konsum hinaus, denn bei den Dingen, die in der Datenabteilung erworben werden, geht es nicht um Konsum, zumindest nicht nur, sondern um Kunst, zumindest ein bisschen. Die Datenabteilung macht den Kaufwunsch komplett. Na ja, fast komplett.

Am Ende bleibt es dann doch beim Spaziergang zur Vertreibung der Wartezeit. Warum? Warum nur angucken, aber nicht anfassen? Oder nur anfassen, aber nicht behalten? Weil der Elektronikmarktkunde nicht dumm ist. Das heißt, ein bisschen dumm ist er schon, aber oft genug weiß er auch, das ihm noch keine Anhäufung von Halbleitern und in China schlecht zusammengeklebtem Plastik den Seelenfrieden gebracht hat. Gut, die eine oder andere Anhäufung half ihm vielleicht einen Schritt weiter in diese Richtung. Aber deswegen jetzt einen Plasmafernseher kaufen? Nein. Zum Zweiten gibt es einen guten Schutz gegen den Dauerbeschuss mit Elektronikmarktmunition: kein Geld zu haben, aber dafür ein ausgeprägtes schlechtes Gewissen. Dann kauft man sowieso nichts. Nur kein Geld zu haben bringt allerdings nichts, sondern führt in die Schuldenfalle. Nur ein ausgeprägtes schlechtes Gewissen zu haben hingegen zu überflüssigem Verzicht, was nicht ganz so schlimm ist wie die Schuldenfalle, aber auch irgendwie schlimm. Und dann gibt es noch ein drittes Hindernis, das vom Kauf abhält: die Verkäufer.

So verlässt man das elektronische Paradies dann wieder von selbst, man muss nicht einmal hinausgeworfen werden, man geht aus freien Stücken, an den Kassiererinnen vorbei, wo man sich freut, das Reuegefühl beim Anblick der Bezahlsumme auf dem Bezahlsummendisplay mal

wieder vermieden zu haben, an den Sicherheitspiepeinheiten vorbei, die nicht piepen, an dem Sicherheitsmann vorbei, der auch nicht piept und vor dem man keine Angst haben muss, weil man nicht nur mal wieder nichts gekauft, sondern auch nichts geklaut hat.
Schließlich ist man wieder in der Freiheit. Dem Beschuss entkommen. Ohne größere Schäden. Irgendwann kriegen sie einen. Aber nicht jetzt. Jetzt muss man das Auto aus der Werkstatt holen. Oder ist beim Arzt dran. Oder muss einen Bus kriegen.

Garten und Terrasse

Ich sitze im Garten. Die Sonne brennt. Eine Wespe schwirrt herum. Ich lehne mich in einem weißen Plastikstuhl zurück. Seine Aussparungen dienen nur vordergründig der Verzierung, eigentlich sind sie die einzige Möglichkeit, die Herstellungskosten weißer Plastikstühle noch weiter zu verringern, habe ich einmal irgendwo gelesen.

Ich halte einen Roman in meinen Händen, in dem wenig von weißen Plastikstühlen die Rede ist. Seite zweihunderteinundfünfzig. Manche Romane werden geschrieben nur für heiße Sommertage im Gartenstuhl. Die Sonne brennt. Sie scheint mir direkt ins Gesicht. Ich muss blinzeln beim Lesen. Meine Augen beginnen zu tränen. Seite zweihunderteinundfünfzig, noch mal zurück. Ich musste zu viel blinzeln. Die Sonne brennt. Ich höre einen Rasenmäher. Ich mag das Geräusch von Rasenmähern. Ich rieche den Rasenmäher auch. Die Steine der Terrasse sind heiß wie Schwimmbadwege. Die Sonne brennt. Die Hitze auf der Haut ist angenehm. Die Wespe schwirrt immer noch herum. Ich verstecke mein Glas. Die Sonne brennt. Ich trinke einen Schluck Eistee. Seite zweihundertzweiundfünfzig. Der Himmel ist strahlend blau. Unsinnig blau, hat ein Expressionist ihn mal genannt. Aber das finde ich nicht. Er ist sinnvoll blau. Der Ausdruck strahlend blau ist sinnvoll. Er ist alt, aber sinnvoll. Treffend und gut. Einzelne weiße Streifen sind zu sehen. Flugzeuge sind über mich hinweggeflogen. Ich würde an einem heißen Sommertag gerne in einem Flugzeug sitzen. In einem Flugzeug oder im Garten. Der Himmel ist nicht so wie das Meer. Ich hasse das Meer, ich fühle mich unbedeutend, wenn ich es sehe. Wenn ich an einem heißen Sommertag, an dem die Sonne brennt, in den strahlend blauen Himmel über dem Garten sehe, fühle ich mich bedeutend. Die Wespe schwirrt herum. Ich trinke einen Schluck Eistee. Das Gras auf der Wiese sieht verbrannt aus. Seite zweihundertdreiundfünfzig. Früher war unsere Wiese größer. Früher half ich beim Rasenmähen. Ich hielt die Schnur fest, damit der Rasenmäher nicht über seine eigene Schnur mäht. Damit er nicht den Ast absägt, auf dem er sitzt, sozusagen. Früher war Rasenmähen eine Familienangelegenheit. Einer mähte, die anderen hielten die Schnur fest. Der Rest sah zu. Früher trank ich mehr Eistee. Wir mähten und hielten die Schnur fest, um den kleinen Apfelbaum herum, um den krummen Kirschbaum und die Wäscheleine, am Rand des vergessenen Beetes entlang und zwischen den Johannisbeersträuchern hindurch. Wir hatten nur schwarze Johannisbeeren früher. Ich sitze im Garten. Die Sonne brennt. Es geht kein Wind. Die Luft steht. Ich muss wieder blinzeln. Ich drücke mich vor dem Rasenmähen. Ich schmecke Zucker, Zitrone und Kälte auf meiner Zunge. Zucker, Zitrone und Kälte, ich schlage mein Buch zu und sehe nach, ob es so heißt. Es heißt nicht so. Ich werde einmal ein Buch *Zucker, Zitrone und Kälte* nennen. Die Sonne brennt mir auf den Kopf. Unter den Haaren wird es ganz heiß, heiß wie auf Schwimmbadwegen. Ich war lange nicht mehr im Schwimmbad. Ich sitze lieber im Garten. Eine Katze läuft herum. Ich kenne sie nicht. Wenigstens ist es kein Hund. Sie riecht am Gartenwerkzeug. Sie läuft weg. Vielleicht hat die schwirrende Wespe sie gestochen. Die Sonne brennt. Es ist angenehm auf der Haut. Stechen Wespen Katzen? Seite zweihundertvierundfünfzig. Am heißesten ist meine Nase. Die Luft steht. Der Himmel strahlt blau. Die Flugzeuge hinterlassen weiße Streifen. Der Rasenmäher mäht. Es ist heiß. Vielleicht wird es nachher ein Gewitter geben. Von irgendwo höre ich ein Radio. Das Radio mischt sich mit dem Rasenmäher. Die Hitze streichelt mein Gesicht. Ich spüre die sensorischen Nervenzellen. Ich merke ihr angenehmes Impulsfeuern. Jedes einzelne. Ich werde braun. Ich freue mich, wenn ich braun bin. Ich werde selten braun. Weil ich nicht ins Schwimmbad gehe. Ich gehe nichts ins Schwimmbad, weil ich nicht braun bin. Ich sitze im Garten. Es ist nicht schlimm, dass ich nicht braun bin. Die Nachbarn sind es auch nicht. Der Rasenmäher stottert. Er ist über einen Ast gefahren. Ich überlege, ob es wünschenswert wäre, einen Pool zu haben. Ich mache die Augen zu, dann blinzele ich nicht mehr. Im Schwarz hinter meinen Lidern blitzen grelle Lichter auf. Die Sonne brennt sich durch meine Lider. Die Entdeckung, dass man die Sonne noch sieht, selbst wenn man die Augen schließt, war der erste Schritt zur Erfindung des Films, habe ich einmal gelesen. Ich erfinde den Film. Die Sonne brennt. Ich öffne die Augen. Ich schließe sie wieder und erfinde den Film. Früher habe ich mich im Winter auf den Sommer gefreut und als er kam, wollte ich ihn nicht. Im Sommer habe ich mich auf den Winter gefreut und als er kam, wollte ich ihn nicht. Jetzt freue ich mich immer auf den Sommer. Ich sitze im Garten. Die

Luft steht. Der Rasenmäher läuft. Es könnte nachher Gewitter geben.

*

Später. Es ist noch nicht lange dunkel. Es gab kein Gewitter. Vielleicht in der Nacht. Ich sitze auf der Terrasse. Ich habe eine Lampe angezündet. Wir spielen *Trivial Pursuit*. Ich gewinne. Nadja kann die Fragen nicht mehr lesen. Ich zünde noch eine Lampe an. Die Sonne brennt nicht mehr. Es ist warm. Irgendetwas zirpt, etwas anderes schwirrt umher. Tausend Tiere fliegen auf unsere Lampen zu. Ich begrüße sie, die Botschafter der Sommernacht. Nadja sagt, Botschafter der Sommernacht sei ein kitschiger Ausdruck. Ich sage, das solle sie den Tieren sagen, nicht mir. Ich sage, sie soll die nächste Frage stellen. Sie sagt, ich gewänne ja sowieso. Ich sage, da hätte sie recht. Nadja ist sauer und liest die Frage nicht. Es zirpt und schwirrt, die Gestalten der Nacht sind zu Gast auf der Terrasse. Ich frage Nadja, ob es wünschenswert wäre, einen Pool zu haben. Nadja weiß es nicht. Ich würde statt der Lampen gerne Fackeln anzünden, aber ich habe keine Fackeln. Welchen Inselstaat, fragt Nadja, würde ein Segler als nächstes erreichen, der von der Südspitze Siziliens gen Afrika in See sticht. Ich sage Malta. Ich habe recht. In welcher antiken Stadt spielt William Shakespeares Komödie *Ein Sommernachtstraum*? Ich rate. Ich habe recht. Ich habe immer recht in meinem Garten. Nadja ärgert sich über die schwirrenden Tiere. Ich sage ihr, sie solle die Botschafter des Sommernachtstraums in Ruhe lassen. Es sei nicht deren Schuld, dass sie verliere. Nadja runzelt die

Stirn in der Sommernacht. Ich frage Nadja, ob es nachher Gewitter geben wird. Sie weiß es nicht. Ich frage sie, ob sie überhaupt etwas wisse. Der Plastiktisch wackelt. Er ist noch warm von der brennenden Sonne. Er hat sich die brennende Sonne gut eingeteilt. Seine sensorischen Nervenzellen feuern immer noch zurück, obwohl die Sonne längst auf der anderen Seite der Erdkugel ist, außer Reichweite. Ich erzähle Nadja, was ich über die Aussparungen in den Plastikstühlen gelesen habe. Es interessiert sie nicht. Sie ärgert sich über die Tiere. Ich mag die Tiere nachts im Wald, wenn sie flüstern, dass es schallt, singe ich. Ich meine damit die Tiere nachts auf meiner Terrasse. Aber hier leben, nein danke, sagt Nadja. Ich solle nicht singen, sagt sie, ich könne das nicht. Ich suche Sternbilder, die Herr Hirsch uns im Erdkundeunterricht erklärt hat. Tiere schwirren. Irgendetwas zirpt. Der Garten um uns herum ist dunkel. Es raschelt im Gebüsch. Bei den Nachbarn brennt noch Licht. Aus einem Flugzeug könnte man nun alle kleinen, beleuchteten, tierumschwärmten Terrassen sehen, auf denen die Menschen sitzen. Es ist warm. Die Luft steht. Es wird nachher sicher Gewitter geben. Ein Tier fliegt vor meinen Augen. Ich scheuche es weg. Ich kann die Farben des Spiels nicht mehr richtig erkennen. Es ist warm. Die Luft steht. Der Rasen ist gemäht. Bei den Nachbarn sind die Lichter noch an. Die Tiere schwirren umher.

Auto

In der Mittelkonsole, unter dem Radio, liegt ein Gewühle, in dem man nichts findet. Eine Antwortpostkarte, um Informationsmaterial für einen Ungarnurlaub zu bestellen; Informationszettel der Bank, auf denen der Unterschied zwischen »Präsenzzeit« und »Geschäftszeit« erläutert sowie um Terminwünsche gebeten wird; allerlei Quittungen, für eine Druckerpatrone im Elektronikmarkt, für Bettwäsche aus dem Möbelhaus, für Benzin; ein Scheibenreinigungstuch-Set »für klare Sicht«, bestehend aus Feuchttuch und Trockentuch, von dem nur noch das Trockentuch da ist; ein Bankauszug, eine Adapterkassette; eine Geschenkpapierschleife mit dem Aufkleber einer Buchhandlung; die Kundenkarte eines Supermarkts; eine handgeschriebene Notiz, die einen Latte macchiato verspricht, weil die Maschine kaputt war, versehen mit dem Stempel eines Schnellrestaurant-Franchisenehmers; ein Privatrezept; eine noch original verpackte LED-Minitaschenlampe aus Aluminium; ein Notizblock mit Werbeaufdruck einer Apotheke in 41564 Kaarst; ein Zeitschriftenausschnitt mit einer kleinen Meldung, »Zucker fördert Krebs«; das Endstück eines Kugelschreibers; eine Abstempelkarte für eine Gratisautowäsche; eine Abstempelkarte eines Kosmetikgeschäfts; eine Apothekenquittung; eine Kopie des Fahrzeugscheins mit rückseitiger Notiz »Wir sind im Cafe Duddel«, »Duddel« ist unterstrichen, daneben ein notiertes Autokennzeichen, das nichts damit zu tun hat; ganz unten die Visitenkarte eines Optikers und mehrere Münzen (ein Cent, zwanzig Cent und eine Mark) sowie die Abziehfolie einer Getränkeflasche mit sogenanntem Sportverschluss und Unmengen an Krümeln.

Jemand hat dieses Auto in ein Büro verwandelt. In ein sehr unaufgeräumtes Büro. Ich fahre mit diesem unaufgeräumten Büro gerade durch die Nacht, über die Autobahn.

Als Fortbewegungsmittel waren Autos schon immer interessant, seit Daimler und Benz damals das erste zusammenschraubten, weil sie die Pfandflaschen nicht mehr zu Fuß zurück in den Laden bringen wollten. Als Orte hingegen machten sie erst Mitte der neunziger Jahre auf sich aufmerksam, als man, begleitet von Werbegetöse (denn die Industrie ging davon aus, man müsse so eine scheinbar sinnlose Entwicklung als Innovation verkaufen), verschiedenfarbige Armaturenbrettbeleuchtungen einführte. Dabei wäre das Getöse gar nicht nötig gewesen, die Umbeleuchtung des Armaturenbretts war eine der wichtigsten Fortschritte des letzten Jahrhunderts, vergleichbar nur mit der Durchsetzung des Internets und der Einführung von eng anliegenden Trikots im Profifußball, und als solche natürlich ein Selbstläufer. Wer würde heute noch ein Auto mit grünem Licht hinter den Armaturen kaufen, wo es doch hypnotisierendes Blau und aufreizendes Rot gibt, zu dem wir durch die Nacht jagen können? Die Lobby der Automobilindustrie drehte uns dieses Licht einst an mit der fadenscheinigen Begründung, es diene der Sicherheit. Denn das Rot und das Blau verhinderten geschickter als das alte Schnarchgrün, dass der geneigte

Fahrzeugführer am Steuer einschlummert und Unglückliches geschieht, gar mit Todesfolge. In Wahrheit, das ist klar, dient das Licht nur dazu, dem Autofahrer vorzugaukeln, er säße in einem hypermodernen Cockpit eines Unterseeboots. Eine Vorgaukelei, die bedingungslos zu befürworten ist! Endlich kann er seine Autofahrten zwischen Geisterstunde und Morgengrauen auch als das genießen, was sie sind: als sanfte Nachtflüge, die sich nicht darum scheren, ob es die Lichter Nizzas oder die Lichter einer deutschen Großstadt am unteren Ende der Großstadtskala sind, die dort leuchten.

Menschen haben in Autos schon immer alles mögliche gemacht, wahrscheinlich nutzten schon Herr Daimler und Herr Benz das gerade erfundene Gerät dazu, um in ihm zu essen, zu schlafen oder gar zwischengeschlechtliche Techtelmechtel durchzuführen. Zu einem Ort auf der Liste ihrer schönen Alltagsorte wurde es dennoch nicht, denn ihnen fehlte das rote oder das blaue Licht (moderne Radios können mittlerweile sogar noch viel mehr Farben!). Seit dessen Erfindung ist allerdings nichts mehr in der Perfektionierung des Automobils passiert, das vergleichsweise bahnbrechend wäre. Gut, da gab es Versuche mit Kaffeebecherhalterungen und die Wiederbelebung der Blumenvase, aber das alles war mehr schlecht als recht und mehr halb als herzig. Wo doch jeder weiß, dass man Kaffeebecher im Auto nicht abstellen muss, weil man auch mit den Knien lenken kann!

Vernünftiger scheint da die flächendeckende Einführung von Navigationssystemen, am besten gepaart mit einer Google-Earth-Benutzeroberfläche, die Vogelperspektive und Hybridansicht ermöglicht. Denn auch für Navigationssysteme gilt: das Versprechen ihres praktischen Nutzens ist reine Makulatur. Wer braucht schon ein Navigationssystem zum Navigieren, wenn es Orientierungssinn und Straßenkarten gibt? Stattdessen ermöglichen Navigationssysteme, was Feuilletonisten »eine neue Dimension der räumlichen Erfahrung« nennen würden, also eine neue Dimension der räumlichen Erfahrung, was so viel bedeutet wie: Unserer räumlichen Erfahrung wird eine neue Dimension hinzugefügt. Früher konnte man nur das sehen, was rechts und links der Straße lag: Baum, Haus, Lärmschutzwand und hin und wieder eine schöne Aussicht. Manche Menschen haben aber seit Kindheitstagen den inneren Drang, alles einordnen zu müssen, in Schubladen, Datenbanken und Einordnungssysteme oder in Modelle und Übersichtskarten, weshalb sie von diesen seit genauso langer Zeit erheblich fasziniert sind. In ihrem Leben blieben sie an allen möglichen Schaukästen dieser Art stehen, um sich die Nase platt zu drücken. Navigationssysteme, vorausgesetzt es sind nicht diese blöden, auf denen man nur Pfeile sieht, erfüllen ihnen den Traum, immer und überall ein Modell der gesamten Welt (oder zumindest fast der gesamten Welt) dabei zu haben. Um wie viel schöner ist doch dieses Wäldchen, wenn ich weiß, dass hinter ihm der Ort soundso liegt. Um wie viel uninteressanter ist es aber auch, wenn ich aufgrund des Kartenmaterials weiß, dass es tatsächlich nur ein Wäldchen ist, wo ich mir doch sonst hätte vorstellen können, links und rechts neben mir breiteten sich Ausläufer eines undurchdringlichen Urwalds aus. Aber das ist eine Art von Problem, die mit jedem Fortschritt auftaucht, es handelt sich dabei um nichts anderes als die Dialektik der Aufklärung, und ich bin weder gewillt noch fähig, dieses Problem an dieser Stelle zu lösen.

*

Meine Begleiterin K. ist auf dem Beifahrersitz eingeschlafen, ihren Kopf hat sie zur Seite gelegt. Weiße Striche schießen auf mich zu, blaue Schilder, braune Schilder, rote Schilder. Ich streichele über das Lenkrad. Die Lichter des Armaturenbretts spiegeln sich im Seitenfenster, sie fahren mit auf der Spur nebenan, wie leise Leibwächter. Ein Wolkenbruch, Regen prasselt auf die Scheibe, Millionen kleine Streifen rasen auf dem Glas hin und her. Scheibenwischer an. Lautlos gleitet der Wischer. Scheibenwischer aus. Aus dem Radio kommt leise Musik. Alles zieht vorbei, Täler, Wolken, Begrenzungspfosten. Ich bin ein Nachtflug. Immer wieder überhole ich die rollenden, blinkenden Riesen, die Dinge transportieren, von hier nach da. Es sind so viele, man müsste meinen, das ganze Land wäre in dieser Nacht verpackt worden und auf dem Weg von der einen Ecke in die andere.

Autos sind im Prinzip nicht viel mehr als eine zentimeterdicke Blechschicht, die uns vor dem Regen schützt, wenn draußen ein Gewitter losbricht. Sie schützen uns sogar, welch glücklicher Zufall der physikalischen Gesetze, vor Blitzeinschlägen, weil es sich um sogenannte Farraday'sche Käfige handelt, wie Physiklehrer nicht müde werden, die Schüler in Erwartung großer Oohs und Aahs zu belehren. Die Oohs und Aahs bleiben meistens aus, denn ein Physiklehrer ist eben kein Auto. Für Autos interessieren sich Schüler, wenn auch meist aus den falschen Gründen.

Man muss noch einmal ganz gründlich darüber nachdenken, um zu bemerken, wie hervorragend die Tatsache ist, dass es ein Blechding gibt, mit dem wir herumfahren können, das uns also von allen Fesseln des Zuhausebleibens löst. Und dass dieses Blechding gleichzeitig immer noch so eine Art Zuhause darstellen kann, inklusive Radio. Dass das Auto in der Nacht, auf einer großen Straße nicht nur ein abgeschiedener, beschützter Ort ist, sondern auch ein gemütlicher, diesen Unterschied macht das Radio aus. Das gute alte Ding. Die meisten Radiosender sind unerträglich, das ist bekannt, doch im Automobil spielt das keine Rolle. Hier gelten andere Regeln. Eine beschwerliche Fahrt im Morgengrauen nach langer Nacht hat schon so manches mediokre Lied in den perfekten Popsong verwandelt oder zumindest in etwas, das sich in der Nähe davon befindet. Doch das Auto macht auch seine eigene Musik: hier das beruhigende Kontrollklicken der Blinker, das schönste Kontrollgeräusch, das jemals erfunden wurde, dort das Einrasten des Fernlichtes und schließlich das Schleifen des Airbags unter dem Lenkrad, von dem die Mechaniker sagen, es sei eine »Golfkrankheit« und nicht weiter dramatisch.

Nicht zu vergessen die schönste Bewegung des Autofahrens: das Hochschalten. Keine Geste, kein anderer Ablauf des Bewegungsapparates ist ein solch mitreißendes Zeichen für Kraft, Beschleunigung und Geschwindigkeit. So mitreißend, dass das Durcheinanderwerfen physikalischer Ausdrücke keine Rolle mehr spielt. Wie der Fahrer sich zurücklehnt, das linke Bein streckt, den Knauf umfasst und ihn behende verschiebt, das ist formidabel. Autofahren ist eine Sonate, und das Aufheulen des Motors ist der

von allen Kritikern gelobte Schlussakkord des letzten Satzes. Danach beginnt das Stück von vorn.
Schilder kündigen Rasthöfe an. Dann tauchen sie auf wie Inseln im dunkeln Meer oder Oasen in schwarzer Wüste. Sie strahlen rechts und links in voller Pracht, tausend Watt ziehen uns an, verführerisch wie eine Schönheit im Abendkleid. Eine Cola, das wäre jetzt wahrlich etwas, aber ich fahre weiter. Sollen sie mich ruhig rufen, die Sirenen mit ihren aufreizenden Photonen, die auf mich niederprasseln, und ihren Versprechen, etwas zu haben gegen Kälte und Durst, Hunger und Müdigkeit. Ich muss weiterfahren und meine Fracht sicher an ihr Ziel bringen. »Sag, wenn ich dich unterhalten soll, weil du müde bist«, sagte sie eben, aber dann schlief sie wieder ein. Ich bemerke, dass es ein gutes Gefühl ist, das Gaspedal unter der Fußsohle zu spüren. Mein Fuß und das Pedal sind eine Kupplung, eine Symbiose, wir funktionieren reibungslos.

*

Hunderttausende fahren alle zwei Jahre nach Frankfurt, um sich auf der IAA Autos anzugucken, die sie sich eh niemals kaufen werden können. Wenn sie mit ihrem eigenen klapprigen Auto anreisen, erleben sie zuerst das ganze Unschöne des Autos, bevor sie das ganze Schöne sehen dürfen. So ist es sicherlich im Konzept der Messe festgeschrieben worden. Stundenlang fahren sie im Kreis um das Messegelände herum, stecken fest hinter Bussen und mit Werbung beklebten Probefahrtenfahrzeugen, vor roten Ampeln und in Kreiseln. Sie hauen auf ihre alten, verschlissenen Lenker, denn sich zu verfahren ist eine Sache und nicht vorwärtszukommen eine andere, kommt aber beides zusammen, ist es selbst für den gutmütigsten Autofahrer unerträglich. Irgendwann finden sie schließlich die Einfahrt ins Parkhaus, wo sie in der spindelförmigen, steilen Auffahrt stehen bleiben müssen, um sich danach im Anfahren am Berg zu beweisen, mit irgendeinem ekligen, teuren Sportwagen im Nacken und der Gefahr, ihm gegen die Stoßstange zu fahren. Im Parkhaus verläuft man sich, weil alle Wegweiser einen nach unten führen, von wo man nicht wieder nach oben kommt, zu den Bussen. Weitere Stunden irrt man hier umher, bis man einen verlassenen Aufzug entdeckt, und dann an der Bushaltestelle darf man in keinen Autobus rein, weil alle voll sind bzw. gerade nicht Richtung Messe fahren. Also läuft man das Stück zu Fuß. Ohne Auto. Ohne jede Mobilität. Kurz gesagt: ein Besuch auf der IAA demonstriert das ganze Scheitern des Konzepts Automobil, noch bevor man Eintritt bezahlt hat.

Drinnen drängeln sich dann die tumben Menschen vor den teuren Wagen und machen Fotos, Fotos, Fotos. Allgemein werden zu viele Fotos gemacht, aber auf der Automobilausstellung erst recht. Wenn man die ausgestellten Autos googeln würde, hätte man doch genug Fotos, tausendmal besser als die eigenen. Für die wirklich wichtigen Ausstellungsbereiche interessiert sich natürlich niemand: An den Ständen der Fahrzeuginnenausstatter und Armaturenbrettgestalter macht niemand Fotos. Dabei sind die es doch, die Dinge entwickeln, die unser Gefühl von Automobilität in mittelfristiger Zukunft tatsächlich verändern. Sie klatschen unsere Windschutzscheiben voll mit Anzeigen, sie schaffen Double-View-Displays für Fahrer und Beifahrer in der Mittelkonsole und Armaturenbretter, die man nach Belieben graphisch verändern kann. Irgendwann werden wir in Autos sitzen, die ein einziges Display sind, und der Traum vom Kleinwagen-Cockpit ist in Erfüllung gegangen.

Was wissen schon die Autotester, die aufgeräumte Armaturenbretter loben und übersichtliche Mittelkonsolen! Wir wollen Anzeigen, Knöpfe, Schalter und Monitore, bis die Achse knackt. Denn wer Anzeiger, Knöpfe, Schalter und Monitore hat, der ist nicht allein, selbst bei der einsamsten Autofahrt nicht. Er hat immer ein Licht, das ihm den Weg leuchtet. Nur wenn man die Parkkarte in das Parkkartengerät am Parkhausausgang stecken soll und nicht drankommt, dann bringt einem auch das schönste Licht nichts, dann bringt einem keine der Messe-Innovationen etwas, dann sind alle gleich: Lamborghini Gallardo oder Dacia Logan, die Fahrer sehen alle gleich bescheuert aus, beim sich Recken und Winden.

*

»Maybe all my life I'm driving home to you« singen sie im Vorspann einer amerikanischen Fernsehserie. Das klingt wie eine Beschwerde, als brüste man sich damit, welche Anstrengung man aufzunehmen bereit ist, um zur oder zum Angesprochenen zu gelangen. Dabei ist es in Wirklichkeit eine Wunschvorstellung. Wäre das nicht schön, wenn man sein Leben lang feststecken würde auf einer Fahrt nach Hause?

Raststätte

Ich sitze in einem dunklen Raum, der an eine gutbürgerliche Gaststube erinnern soll. Der Raum ist groß, mit unnötigen Zwischenwänden, in denen Fenster eingelassen sind. Die Bedienung trägt ein Dirndl. Ich bestelle ein Wasser bei ihr. Gegenüber, im Durchgang zur Tankstelle, blinkt ein Automat aufdringlich und bunt. Außer mir und der Kellnerin ist niemand hier hinten. Der Buffettisch für das Frühstück steht noch oder schon. Aus einem anderen Raum dringt das Geräusch eines Spielautomaten. An der Fensterwand mitten im Raum ist oben eine Ablage, darauf stehen alte Weinbehälter, Körbe, und künstliche Reben hängen herunter. In einer dunklen Ecke kann man einen knallbunten Bildschirm mit Ohren entdecken, für Kinder, zwei sehr kleine Hocker davor. Irgendwo läuft ein Fernseher. Der Raum ist durch Balken und Pfosten in Sitzecken unterteilt. Sieht man aus den Fenstern nach draußen, erkennt man mehrere Lastwagen. Ein paar schummrige Lampen spenden Licht.

Ich befinde mich in Alaska, denke ich. Ich befinde mich in Alaska an einer endlosen Straße, die durch das Nichts führt, befahren nur von alten, griesgrämigen Lastwagenfahrern. Das hier ist der einzige Truckstop in der gesamten Gegend. Irgendwo klappert Geschirr, es muss also außer mir doch noch jemand da sein. Wieder ertönt das altmodische, synthetische Geräusch des Spielautomaten. Ich gehe zur Kellnerin an die Theke und bestelle ein Malz-

bier. Meine Schuhe quietschen. Ich sehe, dass außer mir noch zwei Männer hier sitzen, vorne an der Theke neben dem Fernseher. Sie drehen sich nach mir um. Ich würde mich gerne zu ihnen setzen. Ich werde wegen des Malzbiers später nicht schlafen können.
Die Uhr zeigt kurz vor zwei. Ich stelle mir vor, draußen fiele Schnee. Große Mengen Schnee. Alles sei schon bedeckt, die Felsen, die kargen Bäume. Nur die Straße sei noch frei. Nun drohe ein Schneesturm.
Die beiden Männer zahlen. »Guten Tag noch oder gute Nacht«, sagt die Kellnerin. Wieder die Melodie des Spielautomaten. Ich bin jetzt allein mit der Dirndlfrau. Ein Schneesturm, denke ich, ist die einzige Form der Isolation, die es noch gibt. Deswegen taucht er in so vielen Filmen auf. Als dramaturgischer Vorwand. Dafür dass keine Hilfe zu erwarten ist. Dass man die Probleme selbst in die Hand nehmen muss. Ich wünsche mir einen Schneesturm, hier in Alaska, denke ich. Reisigbündel hängen an der Decke, und ich spüre meine Müdigkeit. Ich reibe mir die Augen. Mein Stift versagt ab und zu. Die Bedienung schaltet den Fernseher um.
Ich war einmal auf einem Konzert einer Art von Countryband aus Winnipeg in Kanada. Die Musik der Band ist möglicherweise die schönste der Welt, doch das Konzert gefiel mir nicht. Es waren viele Menschen dort, es war laut und ungemütlich. Ich hatte mir einen Auftritt immer anders vorgestellt: sie stünden mit Steel-Guitar und Mundharmonika in der Ecke eines Truckstops. Des einzigen Truckstops weit und breit, und draußen tobe ein Schneesturm. Ich liebe Steel-Guitar. Ich wünsche mir, sie würden jetzt hier spielen. Let the waitress put the chairs up,

let the golden oldies station crackle, before we say good night, würden sie singen. Mein Handy piept. Ich habe eine Kurzmitteilung bekommen. »Gute Nacht«, wünscht mir jemand.
Ich gehe hinunter zu den Toiletten und betrachte mich im Spiegel. Ich sehe blass und unrasiert aus. Kränklich. Ich habe mein Notizbuch bei meinem Malzbier liegen gelassen. Ich befürchte, die Kellnerin könnte denken, ich wäre gegangen, ohne zu zahlen, und dann in meinem Notizbuch lesen, darum gehe ich schnell wieder hinauf. Nichts. Keine neuen Gäste. Die Kellnerin ist immer noch an der Theke. Mir fällt ein, dass ich das alles schon einmal gedacht habe. Die Band aus Winnipeg, Alaska, Angst, jemand könne meine Notizen lesen. Im Fernsehen läuft ein Science-Fiction-Film. Ich muss bei Raststätten immer an Science-Fiction-Filme denken. An Raststätten im Weltraum. Da gibt es noch Isolation, auch ohne Schneesturm. Draußen schneit es nicht. Ich zahle bei der Kellnerin.
An den Duschen vorbei gehe ich raus zum Parkplatz, auf dem die Lastwagen stehen. Mein Blick fällt auf einen Tankwagen, glitzernd verchromt, über der Windschutzscheibe eine Reihe mit großen Scheinwerfern. Ich denke daran, dass ich als Kind immer Lastwagenfahrer werden wollte. Einmal zu Karneval hat mir meine Mutter eine Lastwagenfahrerweste gemacht. Eigentlich wäre ich immer noch gerne Lastwagenfahrer. Mein Auto steht einsam unter der großen Säule, die das Schild mit der Aufschrift »Maxi Autohof« trägt. Kein Alaska. Es ist kalt geworden. Über mir sehe ich den klaren Sternenhimmel.
Mit dem Auto fahre ich zurück auf die A3. Kein Highway. Ich schalte das Radio ein, es kommt nur Rauschen.

Aufzug

Zum Zeitpunkt, an dem ich diese Zeilen verfasse, lebe ich in einem großen Wohnhaus, das viele Merkwürdigkeiten bereithält. Zum Beispiel ein gänzlich unverständliches Aufzugssystem. Jedes der drei Gebäude des Hauses verfügt über eigene Aufzüge, von denen aber nicht jeder in jedes Stockwerk fährt. So kann es passieren, dass man innerhalb des Hauses umsteigen muss, von einem Aufzug in einen anderen, will man beispielsweise aus meinem Stockwerk in das oberste.
Das Aufzugssystem ist allgemein in einem eher beklagenswerten Zustand. Die Türen verfügen über keine Lichtschranken, so dass sie einem regelmäßig in die Rippen stoßen. Hält man die Tür zu lange auf, weil man schwere Lasten oder ältere Menschen in den Aufzug befördern will, ertönt ein schreckliches Geräusch, und der Pförtner erkundigt sich durch die Sprechanlage, ob alles in Ordnung sei. Der Fahrmechanismus weist eine leichte, aber spürbare Asynchronität auf, die Türen öffnen dadurch den Bruchteil einer Sekunde zu früh, bevor der Aufzug ganz zum Stillstand gekommen ist, also ungefähr so wie die Türen der Berliner U-Bahnen. Die Kabinen beschleunigen sehr schnell, was durchaus vorteilhaft ist für Menschen, die schnell in ihre Wohnung wollen oder sich für Geschwindigkeit interessieren. Gleichzeitig sind dabei aber auch die physikalisch wirksamen Kräfte sehr deutlich spürbar, ein leichtes Übelkeitsgefühl kann ent-

stehen, wenn der Aufzug in sehr vielen, nahe übereinanderliegenden Stockwerken hält. Innen sind die Aufzüge schmucklos, in einem wird die Verkleidung mit Klebeband zusammengehalten. Je nachdem, zu welcher Uhrzeit man sie betritt, liegt Knabbergebäck auf dem Boden, und Flaschen kullern herum. Die Aufzugsmonteure sind Dauergäste im Wohnhaus, oft ist mindestens eine der Kabinen kaputt, manchmal sogar alle drei meines Hausteiles. Dann stehe ich vor der seltsamen Wahl, sieben Stockwerke hinaufzulaufen oder siebzehn hinaufzufahren und wieder zehn hinunterzulaufen.

Trotz all dem oder gerade darum habe ich den Aufzug liebgewonnen. Nicht nur, weil ich die Treppen nicht gehen möchte. Ich genieße die aufzugtypische große Spiegelfläche in der Kabine, vor der ich mir die Haare richte. Ihretwegen habe ich darauf verzichtet, mir selbst einen größeren Spiegel zuzulegen, ich habe Geld und Platz gespart und die Gelegenheit gewonnen, gemeinsam mit eitlen jungen Südländern vor dem Aufzugspiegel letzte Veränderungen an unserem Aussehen vorzunehmen.

Eigentlich ist es diese oft geschmähte Aufzugsgesellschaft, die mir gefällt. Beim Treppensteigen begleitet einen niemand. Auf der Treppe ist man allein. Max Goldt hat einmal geschrieben, man solle doch an roten Ampeln stehen bleiben und die willkommene Gelegenheit nutzen, eine Pause einzulegen, statt hastig hinüberzuhetzen. Mir ist der Aufzug eine ähnlich willkommene Pause und noch willkommener, wenn ich sie nicht allein verbringen muss. Gut, es gibt die Geschichten über peinliche Gesprächspausen während der gemeinsamen Aufzugfahrt im Büro oder über unangenehm riechende Mitfahrer. Ich nehme diese

Geschichten ernst, niemand macht sich vermutlich mehr Sorgen über peinliche Gesprächspausen und unangenehme Gerüche als ich. Doch mein Aufzug ist anders. Es ist kein Büroaufzug, und das von ihm versorgte Wohnhaus ist das, was Städteplaner »anonym« nennen würden, sie würden sogar sagen, es sei anonymer als jedes Büro. Aber wo Anonymität herrscht, gibt es keine peinlichen Gesprächspausen. Es gibt ja nicht einmal Gespräche. Man steht also im Aufzug, genießt den Moment des Ausruhens und das Gefühl, die Erdbeschleunigung zu spüren, und daneben steht irgendjemand anderes und sagt nichts. Bis zu dem Moment, an dem die Zeit des Abschieds gekommen ist. Er ist der geheiligte Höhepunkt jeder Aufzugsbekanntschaft: »Wiedersehen.« – »Wiedersehen.«

Diese unmittelbare Bekanntheit, folgenlos, aber angenehm, ist es eigentlich, was mir am Aufzug gefällt. So gut, dass ich mittlerweile sogar bereit bin, die Verabschiedung zu variieren und zu intensivieren. Fahre ich sehr spät nachts oder früh morgens hinauf und es ist zufällig noch jemand anderes in der Kabine, womöglich jung und gutaussehend, kommt mir nach der wortlosen vertikalen Tour durch die Nacht auch einmal ein »Gute Nacht« über die Lippen, das im besten Fall von einem überraschten Lächeln und dem gleichen Wunsch quittiert wird. An der noch intimeren Verabschiedung »Schlaf gut« arbeite ich momentan noch.

Auf die letzten Stunden, die ich dort verbringe, bevor ich über die Weihnachtstage nach Hause fahre, freue ich mich das ganze Jahr über, denn dann kann ich mich mit »Frohe Weihnachten« verabschieden. »Frohe Weihnachten.« – »Frohe Weihnachten.« Besser können Dialoge mit Fremden nicht werden, glaube ich.

Ja, ich mag meine Aufzugsbekanntschaften. Das heißt nicht, dass ich es nicht begrüßen würde, eines Tages über die Begrüßung hinauszugelangen. Vielleicht bleibe ich ja mal mit hochinteressanten Personen in meinem Aufzug stecken, und wir schmieden Bündnisse fürs Leben. Oder ich heirate in einem Aufzug. Oder zumindest jemandem aus dem Aufzug.

Hätte man den Aufzug nicht erfunden, war einmal zu lesen, würden heute alle reichen Leute im Erdgeschoss wohnen. Und das kann ja wohl niemand wünschen.

Treppe

509 Stufen – kein Lift. So lautet die Drohung am Eingang. Ein Euro kostet der Aufstieg im Südturm des Kölner Doms ermäßigt, für Kinder, Studenten, Behinderte und Senioren. Ein Euro, ein niedlicher Preis, 0,19646 Cent pro Stufe, zu zahlen bei einem Mann, der im Dom in einem Holzhäuschen sitzt.

Zwei Männer in Anzügen folgen mir, sie wirken entrückt, Männer in Anzügen gehen keine Treppen. Sie nehmen den Lift oder bleiben einfach unten. So wie Mariah Carey: Bedingung für einen Auftritt, erzählt man sich, soll bei ihr angeblich sein, dass sie keine Treppen gehen muss. Erzählt man sich zumindest, wenn man der Sängerin exzentrische Divenhaftigkeit unterschieben will. Ich bin keine Diva und nicht exzentrisch, zumindest meistens nicht, deswegen nehme ich die Treppe.

Eine enge Wendeltreppe, zum Glück ist nicht allzu viel los heute. Kein Quadratzentimeter der Wand, der nicht bekrickelt wäre. Wenn man außen am Geländer geht, hat man keine Probleme, die Stufen sind breit. Am Anfang zähle ich mit, aber bald höre ich auf, schon nach der Fünfzig. Man braucht wahrscheinlich die Ausdauer eines Kindes, um 509 Treppenstufen mitzuzählen. Ich blicke durch eines der schmalen Fenster hinaus. So hoch schon? Nach ein paar weiteren Umdrehungen beginne ich, mein eigenes Atmen zu hören und die Beine zu fühlen. Nicht so wie im Ruhezustand, wenn man einfach fühlt, dass die

Beine da sind, sondern so, als wollten sie mich hinabziehen, zurück nach unten. Ausländische Stimmen kommen mir entgegen. Zwei sehr dicke osteuropäische Frauen kraxeln hinab, sich am Geländer festkrallend. Ich muss zur Mitte hin ausweichen, wo die Stufen schmal sind. Mit einer Hand stütze ich mich auf den Treppenstufen über mir ab und dränge an den Frauen vorbei. Und weiter. Noch ein Schritt und noch ein Schritt und noch ein Schritt. Noch eine Stufe und noch eine Stufe und noch eine Stufe. Ich bemerke den Schweiß unter meinen Haaren. Hinter mir keucht jemand, ich kann ihn nicht sehen.
In Rom, gegenüber des Lateran, steht eine Treppe, die »scala santa«. Der Überlieferung nach hat Helena, Kaiser Konstantins Gemahlin, sie aus Jerusalem mitgebracht. Es soll sich um die Treppe handeln, die Jesus Christus nach seiner Verurteilung hinunterschritt, auf dem Weg zum Kreuz. Wenn man ihre Stufen auf den Knien hinaufgeht, oder vielmehr rutscht, denn von Gehen kann dann ja keine Rede mehr sein, wird einem die Absolution, die Vergebung der Sünden, zuteil, sagt die Überlieferung.
Ich stelle mir vor, ich müsste diese Treppe hier auf Knien hinauf. So schlimme Taten könnte ich gar nicht begehen, wie sie mir dafür erlassen werden müssten. Hin und wieder taucht ein Tor auf, aber verschlossen, also weiter. Die Stufen sind mittlerweile gezeichnet von tiefen Trittspuren und Dellen, in denen die Füße geradezu versinken.
In Rom gibt es eine ganze Hand voll berühmter Treppen. Ich weiß, dass in meinem fleckigen Kunstreiseführer (im Zug hatte jemand Kaffee über ihn gegossen) ein ganzes Kapitel die Treppen Roms abhandelt. Es gibt zum Beispiel jene hinauf zum Kapitol, gestaltet vom Meister

Michelangelo persönlich. Man spüre das »Erhabene« im Rhythmus des langsamen Aufwärtsgehens, stand in meinem Reiseführer. Das Geheimnis der Treppe ist die Länge der Stufen. Was Kunstreiseführerautoren allerdings als erhaben betrachten, finden andere anstrengend, nämlich auf einer Stufe mehr als einen Schritt tun zu müssen. Man kommt jedes Mal ganz aus dem Takt. Der Hintereingang des Bahnhofs meiner Heimatstadt verfügt über eine Treppe, die einen ähnlich aus der Bahn wirft, weil die Stufen zu lang sind. Von Michelangelo ist sie sicher nicht gestaltet und gewiss auch alles andere als erhaben. Man geht allerdings auch nicht zwischen Statuen von Castor und Pollux hindurch, sondern poltert mit seinem Tchibo-Trolley hinab. Vielleicht liegt da der Unterschied zwischen Bahnhofstreppe und dem Meister. Direkt neben dem Aufgang zum Kapitol findet man die Himmelsleiter, 122 steile Stufen hinauf zu Santa Maria in Aracoeli. Die Stufenlänge, die Michelangelo bei seiner Treppe draufgeschlagen hat, muss hier jemand abgezogen haben. Von unten gewinnt man den Eindruck, es könne leicht passieren, dass man die Treppen wieder herunterfalle. Aber dafür führen sie ja auch in Aracoeli, zum Himmelsaltar. Per aspera ad astrum. Eine eher unscheinbare Kirche, errichtet an dem Ort, an dem der Legende nach schon dem Kaiser Augustus eine Vision von Jesu Christi Geburt kündete. Zum Himmel führt wohl keine Straße, kein Fahrstuhl, keine Rampe, sondern eine Treppe. Heutzutage vielleicht eine Rolltreppe. Wenn ein junges römisches Paar die Treppe hinaufgeht und es sie wenig Anstrengung kostet, steht ihre Verbindung unter einem guten Stern, so sagen die Römer laut meinem Reiseführer.

»Fremder, kehre um. 10.2. ’92«, sagt eine der Kritzeleien an der Wand im Domturm. Ich gehe trotzdem weiter, vielleicht bin ich ja kein Fremder. Dahinter der Raum mit den Glocken. Man hat einen guten Blick hinab auf die Domplatte und sieht die Fahrradtaxis, in einem Dreieck angeordnet, auf Kundschaft warten. Weiter hinauf. Die Dellen werden immer tiefer, aber dann ist das Ende der engen Wendeltreppe erreicht. Ein Wasserspeier führt hier oben den Niederschlag ab. Leider hat er nicht die Form eines Ungeheuers, das nachts erwacht, sondern die eines einfachen Metallrohrs.
Ich weiß von früheren Besuchen, dass nun erst die wahre Herausforderung wartet. Nicht physischer Natur, sondern psychischer. Das letzte Stück legt man auf einer Stahltreppe im Inneren des Turms zurück. Zwischen den Stufen kann man hindurchsehen. Jeder Mensch mit Höhenangst verabscheut das Gefühl, das beim Blick hinab entsteht. Ich muss nun hinauf in diesem wackeligen Gitterkäfig. Das Metall vibriert bei zu starken Tritten. Ängstlich sehe ich ab und zu hinunter, eine Mischung von Sportsgeist und Masochismus treibt mich dazu. Stahlstreben fixieren das Metallgestell auf halber Höhe. Sie beängstigen mich mehr, als dass sie mich beruhigen. Wer baut so etwas?
Wer baut so etwas, das ist die Frage, die sich Menschen mit Höhenangst oder Klaustrophobie dauernd stellen müssen. Welcher irre Architekt weiß denn nicht, dass der Mensch es gerne niedrig hat und mit viel Platz?
Ich versuche, auf den Treppenabsätzen stehen zu bleiben, aber lange halte ich es nicht aus. Der Gitterkäfig vibriert wieder, eine Gruppe drängt an mir vorbei. Als einziger

Ausweg bleibt die Flucht nach noch weiter oben. Ich habe keine Ahnung, wofür im Leben das eine Metapher sein soll. Irgendwann bin ich oben, es folgt wieder eine enge Wendeltreppe, doch man kann wenigstens nicht nach unten sehen. Dann hat man wieder Gemäuer und festen Halt unter den Füßen. Um einen herum wieder ein Stahlkäfig. Und ein weiter Blick. Auf dem Turm in der Mitte des Querschiffes erkenne ich Personen. Ich wusste gar nicht, dass man dort ebenfalls hinaufkann. Aber ich bin höher! Was für ein Ausblick!.

Ich sehe alles, die Züge, den Bahnhof, die Musicalhalle, den Fluss, die Brücke. Prekär aussehende junge Männer suchen lautstark Ossendorf am Horizont. Ich bin verschwitzt unter den Armen. Einmal meine ich Vibrationen zu spüren in den Holzplatten, auf denen ich stehe. Ich erschrecke kurz.

Mir fällt wieder Rom ein, die Kuppel des Petersdoms. Dort kann man wählen zwischen Treppe und Aufzug (kostet mehr), aber das letzte Stück muss wieder jeder die Stufen steigen und eine gewundene Rampe im Inneren der Kuppelschale hinauf. Es ist ein merkwürdiges Erlebnis, in einem vollkommen schiefen Gang bergauf und im Kreis zu gehen. Der Blick über Rom, das kann man sich bereits denken, ohne oben gewesen zu sein, übertrifft den Blick über Köln. Aber das ist nicht so schlimm, ich finde auch an zweitem großen Gefallen.

Nachdem ich meinen Rundgang beendet habe, führt mich eine weitere enge Wendeltreppe wieder hinunter, das letzte Stück gelangt man nämlich anders nach unten, als man nach oben kam. Der alte Spruch, man solle freundlich sein zu jenen, die man auf dem Weg zum Gipfel überholt, vielleicht trifft man sie auf dem Rückweg wieder, stimmt also nicht. Im Zwischengeschoss betrachte ich noch einmal das Stahlgerüst von unten. Sieht gar nicht so hoch aus, von hier. Aber das sahen Drei-, Fünf- und Zehnmeterbrett im Schwimmbad auch nie und trotzdem habe ich damals nur das erste bezwungen, und auch das nur mit so mancher Überwindung. Ich will noch einmal die Treppe hinauf, um mich zu testen, aber ein Aufpasser scheucht mich nach ganz unten. Sie schließen wohl bald. Es ist immer noch besser, auf einer Treppe eingesperrt zu sein, als in einem Aufzug, denke ich. Das letzte Stück hinab geht erstaunlich schnell, dann bin ich wieder unten angekommen, heil, trotz der Angst vor der Höhe. Wobei die Höhe nicht das Beunruhigende ist, sondern der Aufprall, wie Tom Cruise in dem Film »Vanilla Sky« treffend feststellte.

Mädchen in der Straßenbahn

Du sitzt mir gegenüber in der Straßenbahn, jeden Morgen, auf der gleichen Seite wie ich, links, und ich hoffe, Du verzeihst mir, wenn ich gleich so mit der Tür ins Haus falle, aber ich liebe Dich. Ja, Dich, die Du immer links sitzt, da wo alle schönen Menschen in der Straßenbahn gesessen haben, ich bin mir fast sicher, Audrey Hepburn und Albert Einstein und Herbert Wehner, die saßen auch immer links in der Straßenbahn, wenn sie irgendwohin gefahren sind, um Schönes zu tun. Ja, ich muss das so sagen, ich liebe Dich. Ich liebe Dich, zumindest dann, wenn ich Dich sehen kann. Denn Du sitzt mir eben nicht direkt gegenüber, sondern auf der anderen Seite. Auf der anderen Seite des Gelenks, also dieses großen Schlauchs, der die Wagen miteinander verbindet, und deshalb kann ich dich nicht immer sehen. Wenn man poetisch wäre, könnte man sicher sagen: auf der anderen Seite dieses überlebensgroßen Akkordeons, auf dem die beiden Wagenteile immer so herumspielen wie zwei große Arme, die zu einem von diesen jungen Kerlen in Lederhosen beim Musikantenstadl gehören, nur eben, dass es Straßenbahnwaggons sind und keine Arme. Aber dann müsste es ja auch Musik machen, dieses Gelenk, und das tut es nicht, höchstens so pfffpfff, und das kann man ja nun wirklich nicht Musik nennen und außerdem weiß ich ja gar nicht, ob Du so etwas überhaupt magst, solche poetischen Vergleiche. Was ich aber weiß, ist, dass ich Dich sehen kann, wenn die Bahn eine Rechtskurve fährt, dann schon, und deswegen sind das ja auch meine Lieblingskurven, die nach rechts. Fünf gibt es davon, eine hinter dem Max-Weber-Platz, zwei am Ostbahnhof und noch zwei zwischen Leuchtenbergring und Schlüsselbergstraße. Die Linkskurven mag ich weniger, da sehe ich Dich ja kaum, man kann Dich nicht mal erahnen hinter den Sitzen, so dünn bist Du, und durch die Fenster auch nicht, weil die immer so schmutzig sind und staubig und bekritzelt mit irgendwelchen Herzen und Liebesbotschaften. Ja, und deshalb wünsche ich mir auch, die Straßenbahn wäre wie eine von diesen Lego-Eisenbahnen früher, bei denen der Zug immer nur im Kreis fahren konnte. Und in den kleinen Waggons gäbe es natürlich auch keinen von diesen Leuten, die sich immer einfach ins Gelenk stellen und mir die Sicht auf Dich nehmen, denn in so einem Gelenk, da steht man nicht herum, da schaut man hindurch, zumindest in diesem hier, ich weiß ja nicht, wie das in anderen Gelenken oder in anderen Straßenbahnen oder in anderen Städten gehalten wird, aber hier ist das zumindest so. Drin sitzen wir dann, also ich und Du, auf der linken Seite, vielleicht im Waggon vor uns noch Albert Einstein oder Audrey Hepburn, und der Zug fährt immer im Kreis, im Uhrzeigersinn natürlich, damit wir uns sehen können, und dann schaue ich Dich an im Uhrzeigersinn und dann liebe ich Dich im Uhrzeigersinn. Denn auf die andere Seite des Gelenks zu Dir hinübergehen wollte ich nie, ich habe ja immer gedacht, so ein Gelenk, wer weiß, was da alles passieren kann, wenn man da durchgeht. Nachher stürzt man noch unglücklich und schlägt sich den Kopf auf und dann ist es aus, und dann gibt es auch keine Rechtskurven mehr, auf die man warten kann. Aber jetzt habe ich Dich zwei Wochen schon nicht mehr gesehen, in der richtigen Straßenbahn. Vielleicht bist Du ja umgezogen in eine andere Stadt, da gibt es ja sicher auch Straßenbahnen, oder Du hast dir ein Auto gekauft, da sitzt man ja auch immer auf der linken Seite, wie man das als schöner Mensch so tut. Vielleicht liegt es aber auch an den Baustellen, dass die Straßenbahn jetzt nicht mehr rechts abbiegt und nur noch geradeaus fährt, ich weiß das nicht so genau. Neulich habe ich aber überlegt, mir auch ein Auto zuzulegen, aber ich glaube, ich hätte nicht so recht Spaß daran, so ganz ohne Dich und ohne Gelenk.

Kino

Über das Kino ist schon viel geschrieben worden, auch über das Kino als Örtlichkeit. Im Dunkeln säße man dort und betrachte in aller Heimlichkeit fremde Menschen auf der Leinwand, was ja wohl Beweis genug sei, das Kino als Auslebung eines Voyeurismus zu verstehen, so diverse Wissenschaftler. Auch im populärwissenschaftlichen Diskurs, in Jugendzeitschriften und Partygesprächen, wird diskutiert: Ist ein Kinobesuch überhaupt ein soziales Ereignis? Oder sollte man nicht eigentlich alleine ins Kino gehen? Voyeure gehen ihrer Tätigkeit ja auch nicht in der Gruppe nach. Was soll man diesen und den zahlreichen anderen Kinodiskussionen noch hinzufügen? Nun ja, zuerst einmal, dass Kinobesuche tatsächlich soziale Ereignisse sind und dass das gut so ist, denn sie sind die einzigen sozialen Ereignisse für Soziopathen.

Es soll Menschen geben, die sich zu Hause am wohlsten fühlen, in der Sicherheit ihrer eigenen vier Wände. Gesellschaftliche Ereignisse wie Samstagabende, Komabesäufnisse oder Stehpartys bereiten ihnen hingegen Unbehagen. Nicht weil sie sich vor anderen Menschen fürchten, sondern weil sie sich vor Gesprächen mit ihnen fürchten. Gegen Gespräche haben sie natürlich eigentlich auch nichts, doch wo die Möglichkeit eines Gesprächs besteht, also Samstagabends, beim Komabesäufnis oder auf einer Stehparty, da schwingt auch immer die Möglichkeit mit, dass ein Gespräch scheitert, obwohl man es versucht hat. Es kommt in diesen bedauerlichen Situationen zu für den Soziopathen sehr unangenehmen Gesprächspausen. Angesichts dieser potenziellen Gefahr erinnert er sich an eine Lebensweisheit Homer Simpsons, nämlich »Versuchen ist der erste Schritt zum Versagen«, lässt das Ganze gleich sein und beschäftigt sich lieber von der sicheren Couch aus mit dem deprimierenden Fernsehprogramm oder macht die Kreuzworträtsel in der deprimierenden Fernsehzeitung. Es ist, um es mit einem momentan sehr beliebten Wort zu sagen, eine Art Gesprächsprokrastination, die er betreibt und die ihn sanft in die heranschleichende Einsamkeit lockt. So weit, so schlecht.

Doch gibt es Hoffnung, denn manche allseits anerkannten geselligen Freizeitbeschäftigungen kommen mit einem minimierten Risiko des Gesprächsscheiterns daher. Abende mit Brettspielen zum Beispiel, doch sind sie leider etwas in Verruf geraten, da zu viele Partyverweigerer sich auf diese Option gestützt haben.

Konzerte sind immer noch eine hervorragende Lösung, dort hat man die Möglichkeit, herumzustehen, alle fünf Minuten seinem Gesprächspartner etwas am Ohr vorbeizuschreien, worauf dieser wohlwollend nickt, weil er nichts verstanden hat, aber auch nicht nachfragen will. Peinliche Gesprächspausen entstehen nicht, denn sie werden von Gitarrengeschrammel und Rumgeschreie bzw. elektronischen Clicks und Cuts gefüllt. Für die bei Konzerten unvermeidliche Wartezeit, bevor und nachdem die Musiker auftreten, bietet das Konzert selbst genug Gesprächsstoff, die auch dem Unsichersten ausreichen sollten.

Eine dritte Option für den Gesprächsprokrastinierer, zu denen ich mich nicht gerne zählen würde, auf Nachfrage aber zu ehrlich wäre, eine Zugehörigkeit in letzter Konsequenz abstreiten zu können, ist das Kino. Für Personen mit eingeschränkten sozialen Fähigkeiten ist es eine Erlösung, dass eine unsoziale Aktivität wie Filmgucken trotzdem in Gemeinschaft geschieht. Dieser scheinbare Fehler im System der Freizeitgestaltungen ist ihm ein Geschenk. Umgekehrt heißt das allerdings auch, dass gerade er nicht gerne allein ins Kino geht, weil er damit den Nimbus seines letzten sozialen Zufluchtsorts gefährdet. Die von ihm bewunderten Personen, die überall Gesprächsanlässe stiften, Bekanntschaften knüpfen und allgemein Mittelfeldmotor jedes geselligen Beisammenseins sind, haben wenig Probleme damit, sich einen Kinofilm allein anzusehen. Sie schätzen das Kino schließlich nicht wegen des Gefühls, nicht alleine zu sein und trotzdem niemanden unterhalten zu müssen, sondern wegen der großen Leinwand, dem tollen Sound oder anderen Marginalitäten.
Ich persönlich, ein weiteres Indiz, mich eher zu den einen und nicht zu den anderen Personen zählen zu müssen, war erst dreimal in meinem Leben alleine im Kino. Ich möchte nun von diesen Besuchen erzählen, da sie mein Bild des Kinos nachhaltig geprägt haben.

*

Bei jedem dieser drei Male bedurfte der Besuch langer Vorbereitung und vor allem einer sehr genauen Filmauswahl. In nur ansatzweise traurige, anspruchsvolle oder nachdenkliche Filme traue ich mich nicht allein, ich

befürchtete, ein Film mit diesen Attributen würde sich auf meine Einsamkeit wie ein gefährlicher Katalysator auswirken. Das Gleiche gilt seltsamerweise auch für lustige Filme. Es bleibt also nur eine Sorte Film übrig, die ich alleine besuchen kann: Hollywood-Popcorn-Blockbuster. Folgerichtig hießen die drei Werke, die ich mir alleine angesehen habe, »Mission Impossible II«, »Star Wars – Episode one« und »Batman begins«.
Beim ersten Film muss ich um die vierzehn Jahre alt gewesen sein und verbrachte gerade einen vierwöchigen Kuraufenthalt in einem sehr kleinen Ort in Ostwestfalen. Mir selbst wurde dieser Aufenthalt zuteil, weil ich von diversen Allergien mittelschlimm beeinträchtigt wurde, Akneprobleme hatte und, mehr noch, weil meine Mutter ein gewisses Faible für Kuraufenthalte besaß. Zur selben Zeit befand sie sich selbst, allerdings aus Gründen mit stärkerer medizinischer Indikation, in einer Kurklinik und wähnte ihren Sohn am sichersten untergebracht in eben einer anderen Kurklinik. Die meisten meiner jungen Mitpatienten traf ein härteres Los als mich, denn sie waren alle dick. Neben Atemwegserkrankungen hatte sich die Klinik nämlich auf das Behandeln von Adipositas, also krankhafter Fettleibigkeit, spezialisiert. Die meisten Jugendlichen dort waren sehr nett, auch der ältere Junge, der wegen seines selbst für die Verhältnisse der Klinik starken Übergewichts regelmäßig in eine benachbarte Spedition gefahren wurde, um Fort- oder Rückschritte auf einer Lastenwaage ermitteln zu können. Ins Kino jedoch bin ich in der gesamten Zeit mit keinem gegangen, möglicherweise besaß der kleine Ort überhaupt kein Kino.

An einem Tag allerdings holte mich der damalige Freund meiner Schwester mit seinem Auto ab, und wir fuhren ins nahegelegene Paderborn, wo er mich vor dem Kinocenter absetzte. Ich kann mich nicht mehr erinnern, ob ich spontan entschied, »Mission Impossible II« anzusehen, oder das bereits geplant hatte, es war jedenfalls eine gute Entscheidung für einen einsamen Kinobesuch, auch wenn der Film eher mittelmäßig ist. Ich weiß aber noch, dass es den Hauch einer sozialen Kontaktaufnahme gegeben hat. In den Sitzen neben mir müssen zwei ungefähr gleichaltrige Mädchen gesessen haben, die ihre mitgebrachten Weingummis mit mir teilten. Übermäßig viel kann ich allerdings nicht mit ihnen gesprochen haben, es gibt zumindest nichts, an das ich mich erinnern würde. Die Begegnung muss mir aber, zumindest unterbewusst, bedeutend gewesen sein, sonst hätte ich, ein Mensch mit schlechtem Gedächtnis, sie mir nicht bis heute gemerkt. Vermutlich führte sie zu einem kleinen Vorschuss an Selbstvertrauen, immerhin war ich vierzehn und hatte in einem fremden Kino mit fremden Mädchen gesprochen. Ein Vorschuss, der sicher genauso schnell wieder aufgezehrt war, denn nichts verbraucht der Mensch doch schneller als seinen Vorrat an Selbstbewusstsein, erst recht, wenn er vierzehn ist und Akneprobleme hat.

Bei dieser Überlegung fällt mir ein, dass es am Ende der Kur doch noch zu einer Anbandelung kam, die leider davon unterbrochen wurde, dass ich abreisen musste. Das Mädchen, Initiatorin der Anbandelung und keine der Adipositaspatientinnen, war sogar sehr hübsch, hin und wieder meine ich, es sei vielleicht das hübscheste Mädchen gewesen, das sich in meinem Leben bisher für mich

interessiert hat, falls man so einen Vergleich über so unterschiedliche Lebensphasen ziehen kann. Sie sprach allerdings in einem merkwürdigen Akzent.
Das zweite Mal, dass ich allein einen Kinofilm ansah, war eigentlich das erste Mal – und in England. Wir verbrachten dort unseren Urlaub: Nach einer längeren Odyssee durch die langweiligen Küstengebiete beendeten wir die Ferien mit einem Besuch in London, auf den ich die ganze Zeit über hinfieberte. Bei einem Bummel durch die dortigen Einkaufsstraßen und einer Essenspause in einem Fast-Food-Restaurant am Leicester Square entdeckte ich die beiden gegenüberliegenden Kinos, und der Plan erwuchs in mir, den gerade gestarteten Film »Star Wars – Episode One« in einem dieser altehrwürdigen Filmtheater anzusehen. Allein, denn meine Mutter, mit der ich auf Reisen war, war mir nicht als große Verehrerin von Science-Fiction-Filmen bekannt. Warum sie, gewöhnlich von einem überfürsorglichen mütterlichen Geist beseelt, mir dann tatsächlich erlaubte, abends alleine in das große Kino zu gehen, weiß ich nicht mehr, finde es aber noch heute ausgesprochen nett von ihr. Sie lieferte mich jedenfalls vor dem Kino ab und bezahlte mir auch das Ticket. Ich bin mir leider nicht mehr sicher, ob es sich dabei um das Odeon Leicester Square handelte, laut Wikipedia mit 1700 Plätzen das größte Kino Englands und unter anderem ausgestattet mit einem »Royal Retiring Room for visiting monarchs«, oder um das kleinere, aber vom Namen her dem Film angemessenere Empire mit 1300 Plätzen. Solche Zahlen liest man immer gern, vor allem als Gesprächsprokrastinierer, der es mag, sich an Superlativen festzuklammern. Wie auch immer, ich saß nun also zwi-

schen 1300 oder 1700 anderen Zuschauern, auf einem riesigen Balkon, mittig, fast ganz vorn an der Brüstung. Es kann eben auch Vorteile haben, alleine ins Kino zu gehen. Es gibt immer noch einen guten Platz. Alle Menschen um mich herum trugen Anzüge, vermutlich nicht aus Festlichkeitsgründen, sondern weil sie direkt aus ihren Büros im Finanzdistrikt hierhergeeilt waren. Ich fühlte mich nicht fehl am Platz, obwohl ich zu jung war, alleine, schlecht gekleidet und Ausländer, aber im Kino war das egal, da war es dunkel, und alle guckten auf die Leinwand. Wahrscheinlich hätte ich mich auch zweieinhalb Stunden damit beschäftigen können, den Kinosaal zu betrachten, aber es lief ja auch noch der Film. Im Nachhinein muss man natürlich sagen, dass auch dieser Film nicht der beste war, den ich je gesehen habe, aber das war nicht so wichtig.

Das dritte und letzte Mal, dass ich alleine ins »magische Lichtspielhaus« (S. Kracauer o.ä.) gegangen bin, ist noch nicht so lange her, ungefähr zwei Jahre. Ich hatte mein Abitur in der Tasche, wie man so sagt, aber es ging mir vergleichsweise schlecht. Lange Zeit hatte ich nichts getan, war um zwei Uhr mittags aufgestanden, damit ich das Kinderprogramm im Fernsehen nicht verpasste, und verbrachte den restlichen Tag im Schlafanzug auf dem Sofa.

Jetzt war ich im Süden, in München, und hatte ein Praktikum angetreten, in einer sympathischen Firma, doch war ich unglücklich mit meiner Situation. Zu meiner Aufgabe gehörte es dort zu lesen, was Menschen im Internet geschrieben hatten, unter anderem über Musikstücke, die sie in wichtigen Momenten ihres Lebens begleitet hatten. Viel war in diesen Texten von unbeschwerter Schulzeit, den letzten großen Sommern, Abschieden und weiten Reisen die Rede; nichts hätte mein angeschlagenes Selbst in diesen Monaten weniger verkraften können. Ich hatte das Gefühl, so manches verpasst zu haben und auch in diesen Tagen zu verpassen, mir fielen keine Lieder ein, die die wichtigen Momente meines Lebens begleitet hatten, mir fielen nicht einmal wichtige Momente ein. Ich fühlte mich allein, und ich war auch allein, denn in München kannte ich keinen.

Nur ein- oder zweimal blieb ich über das Wochenende in der Stadt, und an einem der Tage, die ich dort schlendernd durch die Innenstadt verbrachte, wollte ich ins Kino gehen. »Batman begins« war angelaufen, und ich konnte mich dunkel erinnern, dass mir die ersten beiden Batman-Filme gut gefallen hatten. In der Firma lag schon seit Tagen die Pressemappe zum Film herum, ich war also neugierig genug, um mich noch einmal alleine ins Kino zu wagen, ins Multiplex am Stachus. Der Abend verlief im Prinzip reibungslos, die Kinokassiererin lachte mich nicht aus, als ich nur eine Karte für mich allein kaufen wollte, im Kino wurde ich nicht angepöbelt, mit Essen beworfen oder verprügelt, und auch der Film war in Ordnung.

Trotz allem war es mir eine Last, alleine im Kino zu sein, vor allem in den Minuten, in denen man schon saß, das Licht aber noch an und die Umwelt in angeregte Gespräche vertieft war. Mir kam dann, bei einer innerlichen Aufzählung meiner Kinobesuche ohne Begleitung, der Gedanke, dass sich im Prinzip doch nichts verändert hatte, seit ich der vierzehnjährige Junge mit Akneproblemen im »Mission Impossible II« war, bis auf die Akneprobleme vielleicht. Aber immer noch allein und immer noch Gesprächsprokrastination betreibend (wobei ich dieses Wort freilich weder vor acht noch vor zwei Jahren kannte). Diese Feststellung verhärtete meine Unglücklichkeit mit der Welt noch weiter. Das Kino aber war insofern ein guter Ort, als dass es mir diese grausame Wahrheit nicht nur nahebrachte, sondern sie mich daraufhin auch für hundertvierunddreißig Minuten vergessen ließ.

*

Den idealen Kinoabend stelle ich mir jedoch gänzlich anders vor – nämlich in Gesellschaft. Gegen halb acht trifft man sich vor dem Eingang, es gibt ein kurzes Hallo, woraufhin man sich zügig zum Kartenhäuschen bewegt. Gibt es eine Schlange, reiht man sich ein. Beim Kartenmann folgt eine schwierige Hürde des Abends, die Platzauswahl. Meist sitzt man im Kino eher zu weit hinten, eine Tatsache, die der Allgemeinheit leider nicht bewusst ist. Man muss nämlich so sitzen, dass man beim Nachvornschauen die gesamte Leinwand, aber nicht mehr als die gesamte Leinwand im Blick hat. Leinwand und Blickfeld müssen in der logischen Beziehung des Genaudannwenn miteinander verbunden sein. Meist will man an der Kasse auf einer Karte oder einem kleinen Monitor sehen, wo man sitzt.

In kleinen Kinos geht das oft nicht, dort muss man dem Kartenmann vertrauen, was aber nicht besonders schwierig ist, weil man sowieso weiß, dass in kleinen Kinos alle Plätze schlecht sind und der Film nach spätestens zwanzig Minuten reißt. Ich bin kein Freund von kleinen Kinos, eine Meinung, für die Cineasten mich verachten werden,

aber kleine Kinos deprimieren mich. Ich gehe stets in das größtmögliche, läuft dort der Film nicht, den ich sehen möchte, weiche ich gern auf ein kleineres aus, aber auch nur dann. Die großen Multiplexkinos sind natürlich nicht das Gelbe vom Ei, oft sind sie eher verlottert als modern, in den Ecken liegt der Staub, und die Einrichtung wirkt viel älter, als sie wirklich ist. Andererseits ist es natürlich eine gute Sache, dass die Größe der Institution Kino nach unten hin offen ist. Es gibt an meiner Universität beispielsweise einen sogenannten Filmkeller, ein recht unbequemer, doch trotzdem lauschiger Raum mit Leinwand, in dem die Filmwissenschaftler sich ihre primären Untersuchungsgegenstände anschauen können und dabei eine Dose Bier trinken und Salzbrezel essen. Ein guter Ort, der Filmkeller. Doch zurück zum Kassenhäuschen.
Es ist kurz nach halb acht, und man hat die Karten nach längerer Diskussion mit Kassenmann und Mitkinogängern endlich in den Taschen. Um viertel vor acht steht man in der Schlange vor dem Snackverkauf, hier ist Vorsicht angebracht: Nirgendwo sonst außer in Großraumkinos würde ein halber Liter Cola »klein« genannt und ein Schulranzen voll Popcorn »mittel«. Alles darüber hinaus sollte man meiden, will man nicht verfressen aussehen. Alles am Kinogehen ist geordnet, wiederholt sich, besteht aus eingeschliffenen Ritualen, und das ist gut, denn dann fühlen die Gesprächsprokrastinierer sich wohl und sagen möglicherweise den ein oder anderen Satz.
Popcorn gehört zum Kino, was könnte man Blöderes sagen, aber es muss ja nun mal gesagt werden. Manchmal laufe ich nachmittags an Kinos vorbei, es riecht nach Popcorn, und in meinem Gehirn schalten die Synapsen und

lassen mich zurückschließen auf gemütliche Abendunterhaltung, klebrige Finger, süßen Geschmack und Flimmern auf der Leinwand (jemand sollte einmal Instant-Popcornduft-Spray für den Filmeabend zu Hause erfinden). Hier liegt übrigens ein weiterer Nachteil kleiner Kinos: Teilweise erdreisten sie sich, gar kein Popcorn zu verkaufen! Ein Kino ohne Popcorn, da kann man ja gleich in ein Schwimmbad ohne Wasserrutsche oder ein Billardcafe ohne Kreidestücke gehen.

Es ist kurz vor acht, und entweder hat der Einlassmann, ein Freund des Kartenmannes, sich schon erbarmt, Karten abgerissen, Rucksäcke auf Videokameras durchsucht und seiner Bestimmung nach eingelassen oder man lümmelt, vollgepackt mit Popcorn und Getränken noch im Eingangsbereich herum und führt ungezwungene Konversation, bis es so weit ist.

Im Kinosaal macht man es sich in den Sitzen bequem und wünscht sich, in allen öffentlichen Anstalten seien die Sitzgelegenheiten so komfortabel, wie sie heute in Kinos, trotz aller Kinokrisen und Raubkopiererei, immer noch sind. Eine völlige Fehlkonstruktion sind ausschließlich die in den neunziger Jahren vermehrt aufgetauchten Love Seats, bei denen zwei Sitze durch das Fehlen einer Armlehne miteinander verbunden werden. Nicht aus ideologischen Gründen sind sie fehlerhaft, ihr Zweck ist ein hehrer, sondern aus funktionalen. Selten erreicht man durch das Weglassen von etwas, und sei es auch nur einer Armlehne, irgendeinen Vorteil, geschweige denn ein Mehr an namensgebender Liebe. Zutreffend ist hingegen folgende Theorie, die von Nadja stammt: Durch das Fehlen der mittleren Armlehne lehnen sich beide instinktiv in

Richtung der anderen Armlehne, denn an Lehnen will man sich anlehnen. So entsteht noch mehr Distanz zwischen den beiden Love-Seat-Nutzern, und es bleibt keine Möglichkeit der Annäherung. Traurig, aber nur durch kompletten Rückbau dieser Sitze zu verhindern, sie waren eben keine nicht mehr zu verbessernde Erfindungen für die Ewigkeit wie Buch, Fahrrad und Getränkehalterung.

Es ist kurz nach acht, das Licht geht aus, die Werbung an. Auf die Werbung folgt dann der eigentliche Höhepunkt und, neben der sozialen Komponente, meine ureigene Motivation, ins Kino zu gehen: die Vorschau. Furchtbar, wenn sie manchmal entfällt! Vorschau ist auf Zelluloid gebannte oder, je nach Fortschrittsglaube des Kinobesitzers, in Einsen und Nullen ausgedrückte, reine Vorfreude. Wenige Filme haben mich so beglückt wie ihre Vorschau. Wenn es nach mir ginge, sollten in Kinos zwanzig, dreißig Trailer vor dem Film laufen – solange der beworbene Film nicht kompletter Unsinn ist (Eddie Murphy als dicke Frau oder ähnliches) und der Trailer nicht schon die komplette Geschichte des Films bis kurz vor den letzten Wendepunkt erzählt. Ansonsten ist mir alles willkommen: schießende Männer, rasende Autos, abstürzende Flugzeuge, epochale Schlachten, gelungene Pointen.

Nun ist es einige Minuten nach acht, man hat hoffentlich genug Trailer gesehen, um für jedes Wochenende der kommenden Monate einen neuen Kinofilm zu haben, den man sich ansehen könnte. Der Film beginnt, das Studiologo erscheint, das seit so vielen Jahren (viel länger, als ich lebe) in die Kinosäle dieser Welt blickt, so dass es zu ihnen gehört wie nichts anderes: das aus der Vogelperspektive aufgenommene Studiogelände, der Berg, um den sich die Sterne anordnen, die Flakscheinwerfer, die den Schriftzug suchen, oder die Dame, die eine Fackel in den Himmel hält. Alle sind sie untrügliche Zeichen dafür, dass gleich jemand versuchen wird, uns zu unterhalten. Zu diesem Zeitpunkt hat man das Popcorn schon gegessen und das Getränk fast geleert, und ist der Film tatsächlich unterhaltsam, macht das ja auch nichts.

Überspringen wir nun neunzig bis hundertfünfzig Minuten, denn es soll ja um das Kino gehen, nicht um den Film. Der ist jetzt fertig, und das Kino spuckt uns wieder aus, zurück in die harte Realität. Dafür hassen wir das Kino ein wenig, aber auch das muss ja sein. Wir klopfen uns also das letzte Popcorn vom Pullover und tun in der Eingangshalle noch ein wenig so, offensichtlich oder subtil, als seien wir der Held des gerade gesehenen Films. Dann geht es hinaus in den Abend, aber wir wissen ja, dass wir wieder kommen werden, denn das Kino ist klebrig wie sein Popcorn, man wird es nicht los.

Kiosk

Kapitulation sei das wohl schönste Wort der deutschen Sprache, behaupteten Tocotronic auf ihrer letzten CD. Doch noch schöner ist das Wort »Kioskbier«. Kioskbier steht für ungezwungenes, lockeres Beisammensein, dessen Ungezwungenheit und Lockerheit nicht langweilig werden, weil sie in Vorbereitung (oder Nachbereitung) eines größeren Ereignisses stattfinden. »Gleich gehen wir dann los«, sagt der junge Mensch und nimmt noch einen Schluck vom Kioskbier. Wenn man dann auf ein Schild trifft, welches verkündet »Ab hier kein Kioskbier mehr«, wie es hin und wieder zu sehen ist, ist allen bekannt, dass der lockere Teil des Abends nun zu Ende ist.

Doch kein Kioskbier ohne Kiosk, das ist klar. Kiosk steht hierbei für eine Institution, die auch, je nach Region, unter dem Namen Büdchen oder Trinkhalle firmiert. Manche Städte behaupten von sich – insofern Städte denn Behauptungen aufstellen können –, eine sogenannte Kioskkultur zu besitzen, wahrscheinlich um sich von anderen Städten mit Kioskunkultur abzugrenzen. Weil Köln sich zu den ersten und keinesfalls zu den zweiten zählt, veranstaltete die lokale Boulevardpresse einst die Wahl zum besten Büdchen der Stadt. Aus Gründen prinzipieller Desinformiertheit ist mir das Ergebnis der Wahl leider nicht bekannt. Vollkommen blind und nur meinem eigenen Kioskbiergefühl vertrauend, möchte ich trotzdem von zwei

Kiosken erzählen, die meiner Meinung nach aus ganz unterschiedlichen Gründen zu den Favoriten dieser Wahl hätten gehören müssen.

*

Am Südbahnhof arbeiten zwei wunderbare Herren. Der eine ist Zugansager, aber er sagt nicht einfach Züge an, wie es landauf landab jeden Tag geschieht, genervt, gewöhnlich, im Tonfall des Arbeitenden. Er beschwört die kommenden Züge mit der Stimme des Bedächtigen. Wenn er spricht, spricht er im Rhythmus einer langsamen Brandung, irgendwo an einem weißen Sandstrand, fern, ganz fern von Köln, ins Mondlicht getaucht. »An Gleis zwei hat jetzt Einfahrt«, sagt er, »der Regionalexpress fünf nach Koblenz«, und es klingt wie der feine weiße Sand, den man durch seine Finger rieseln lässt. Etwas schleifend, ein wenig leiernd, eine Betonung, für die schon so mancher Politiker die Strafe der Parodie über sich ergehen lassen musste. Doch hier sind wir nicht in der Politik, sondern am Südbahnhof und wofür es anderswo Strafen gibt, das nennt man hier die Magie der Langsamkeit. Man verzeihe mir diesen getragenen Exkurs, doch war es mir immer ein Bedürfnis, dem Ansager dieses Bahnhofs eine würdige Erwähnung zu verschaffen, eine die seinen poetischen Ansagen angemessen ist.
Der zweite Mann ist der Besitzer des Kiosks im Südbahnhof. Ein freundlicher, älterer Herr mit weißem Haar und einer Brille, die an einer Kette um seinen Hals baumelt. Wenn er kleingedruckte Preise auf Zeitschriften lesen muss, setzt er sie auf. Doch eigentlich kennt er die meisten

Preise auswendig und noch vieles mehr. Drei- oder viermal habe ich erst bei ihm meine Zuglektüre gekauft, einmal auch etwas Süßes. Beim letzten Mal unterhielt er sich gerade an der Kasse mit einer Dame. Als ich bezahlte, wollte sie wissen, ob ich die Regionalbahn um halb nehme, und noch bevor ich antworten konnte, hatte der Kioskbesitzer entgegnet: Nein, der junge Herr nimmt immer den Regionalexpress. Ich war verblüfft und geradezu sprachlos. Zuerst wollte ich ihn bezichtigen, mir nachzuspionieren, aber dann lobte ich ihn für die große Aufmerksamkeit, mit der er sich seinen Kunden widmet.
Später habe ich dann gedacht: Wozu braucht Wolfgang Schäuble eigentlich noch die Vorratsdatenspeicherung und die Online-Durchsuchung? Er kann doch einfach mal in den nächsten Bahnhofskiosk rollen und nachfragen. Wenn dort alle so aufmerksam sind wie der Herr am Südbahnhof, hätte er ein leichtes Spiel mit den Terroristen. Aber Terroristen würden sich hier wahrscheinlich sowieso nicht herumtreiben.
Meine Mutter beschwert sich, wenn sie mich besucht, jedes Mal darüber, wie schmutzig und heruntergekommen es am Südbahnhof aussieht. Was sie leider nicht weiß: Ein Bahnhof, an dem zwei solche Herren arbeiten, kann gar nicht schmutzig und heruntergekommen sein. Sonst wäre der Herr vom Kiosk sicher auch nicht so selten allein. Immer dann, wenn ich seinen Laden betrat, standen mehrere Gestalten um Stehtische herum und tranken, und meist weilte noch jemand bei ihm an der Kasse.
Andere Kioske widersprechen dem Zeitgeist mit ihrer Unaufgeräumtheit, mit Enge und Überfüllung. Während in der Innenstadt Mode- und Kommunikationsgeschäfte

entstehen, in denen auf vierzig Quadratmetern nur drei Produkte präsentiert werden, quetscht der Kioskmann zwischen die gedrängten Kühlschränke und die Zigaretten noch ein Display mit Zeitschriften. Manche Kioske sind aufgeräumter, doch der Südbahnhofskiosk ist mehr als aufgeräumt, auf seiner große Fläche, auf der sich ein Zeitschriftenregal und die Kassenzeile verteilen, könnte man sich einsam fühlen und doch der modernen Ladenlokalarchitektur so fern. Denn wo in der Innenstadt Fläche bewusst nicht genutzt wird, sie ein Raumkonzept erfüllt und Stil bedeutet, ist die Leere hier ein Mangel, als habe der Kiosk zu wenig, was er verkaufen könne, oder sich überschätzt bei der Raumwahl oder als sei er bereits bankrott und diese Reste bloß noch der Konkursverkauf. Man könnte sich also einsam fühlen, man fühlt sich aber nicht einsam, denn das alles überstrahlt der Herr an der Theke, der stets zu Scherzen wie »Sie möchten *Die Zeit*? – Drei Minuten nach halb!« aufgelegt ist. Nur schade, dass sein Bahnhofskiosk so oft geschlossen ist. Andererseits gönnt man es einem Kioskbesitzer, das er nicht Tag und Nacht mit den Füßen tippelnd hinter der Kasse stehen muss.

*

Integriert in mein Wohnhaus sind mehrere Kioske. Einer wird von einer indischen Familie betrieben, was ich daran erkenne, dass, egal wann ich den Verkaufsraum betrete, der Herr oder die Dame hinter der Theke Bollywood-Filme auf einem kleinen Fernseher gegenüber schaut. Wunderliche Geräusche dringen daraus an mein Ohr, Ge-

dudel und Musik in schlechtester VHS-Qualität, teilweise auf Englisch, teilweise in einer der indischen Sprachen, die ich nicht verstehe.
Der Herr dreht immer den Ton leiser, tritt man zu ihm an die Theke, wovon ich mich peinlich betroffen fühle, als ob ich ihn gestört hätte, während seiner Freizeit. Oder als ob er Angst hätte, mich würde der Film stören. Eines Tages werde ich ihm sagen, dass er den Fernseher nicht leiser drehen muss, wenn ich meine Wasserflasche bezahle.
Ein Freund, der auf dem Weg zu mir manchmal den gleichen Kiosk nutzt, berichtet, dass andere Familienangehörige nicht vom Bildschirm aufsähen, während man zahlt. Er erzählte das so, als rege er sich darüber auf, doch ich bin der Meinung, dass man dieses Verhalten begrüßen oder doch zumindest respektieren sollte.
In meinem Kopf wirft der indische Kiosk stets einige Fragen auf. Eigentlich ziemt es sich natürlich nicht, sich öffentlich über das Glück und Unglück anderer Gedanken zu machen, die man kaum kennt und mit denen man nicht darüber gesprochen hat. Erst recht nicht, wenn es sich augenfällig um Menschen mit Migrationshintergrund handelt, die sicherlich auch unter falscher Sorge um sie leiden können. Auch übermäßige Vorsicht ist schließlich eine Art Diskriminierung. Im Schutze der halben Anonymität ihrer Person und mit dem Hinweis, sie eher exemplarisch zu verstehen, möchte ich aber doch ein paar Fragen äußern. Es gibt so viele Kioske und Imbisse in den großen Städten, viele betrieben von Menschen, die irgendwann einmal aus einem anderen Land kamen. Da gebieten es doch schon die Gesetze der Wahrscheinlichkeit, dass man vermuten muss, die meisten dieser Menschen wollten nie-

mals einen Kiosk eröffnen und ihr Leben lang dort hinter der Kasse stehen. Es wäre doch ein großer Zufall, wenn ausgerechnet so viele Immigranten nach Deutschland leidenschaftliche Kioskbesitzer gewesen sind. Und gibt es das überhaupt, leidenschaftliche Kioskbesitzer? Wer steht denn gerne bis spät in die Nacht dort, muss immer freundlich sein und verdient sicher kein Managergehalt? Rein statistisch betrachtet, müssten die meisten Kioskbesitzer unglücklich sein. Wenn andere in großen Tönen von ihrem ach so freundlichen Kioskbesitzer sprechen, dann vermute ich in kritischen Momenten, dass sie mit ihrer Sozialromantik des einfachen Mannes über so manches Unglück hinwegsehen. Der indische Kiosk gilt mir immer als Bestätigung dieser Überlegung, die das schöne Wort Kioskkultur einfach überdecken will. Wo ließe sich leichter Heimweh und Eskapismus hineininterpretieren als in das durchgängige Schauen von Bollywood-Filmen während der Arbeitszeit?

Nun, könnte man jetzt einwenden, ich könnte mich doch einfach mal bei dem Herrn und seiner Familie erkunden, wie gerne sie Kioskbesitzer sind. Vor solchen Fragen habe ich jedoch Skrupel, unter anderem, weil ich glaube, dass niemand so etwas gerne von Kunden gefragt wird, geschweige denn auf solche Fragen eine ehrliche Antwort zugestehen würde. Also bleibe ich dabei, mir still meine Gedanken zu machen.

Sollte ich den indischen Kioskbesitzern damit Unrecht tun und sie in Wirklichkeit die glücklichsten Kioskbesitzer im ganzen Land sein und die Bollywood-Filme nur schauen, um sich darüber lustig zu machen, in welchen entlegenen Phantasien andere das Glück suchen (ich zum

Beispiel, wie in diesem Buch mehr als deutlich wird), wo das Schöne doch so naheliegt, nämlich darin, einen Kiosk zu besitzen, dann entschuldige ich mich und hoffe, ähnliches gilt für alle anderen Kioskbesitzer. Sollten meine Gedanken jedoch zutreffen, dann ist der Kiosk nicht nur ein Ort der Integration, an dem die Kulturen im regen Austausch zueinander stehen, sondern auch ein Ort der Desintegration. Damit meine ich nicht etwas Gefährliches oder moralisch Verwerfliches, das christdemokratische Innenminister damit beschreiben würden, sondern eher ein emotionales Problem, das nicht nur Immigranten treffen kann: eine leise Abschottung vom Rest der Welt und das Leben im engen Kreis oder alleine, ohne den Drang, Anschluss zu finden.

Neben Kioskbesitzern sind es wahrscheinlich gerade alte Menschen, die diese Sache betrifft (am wahrscheinlichsten also alte Kioskbesitzer). Allerdings bin ich mir, wenn ich erneut darüber nachdenke, nicht mehr sicher, ob es sich überhaupt um ein Problem handelt oder bloß um eine der zahlreichen Facetten, die die menschliche Lebensgestaltung manchmal eben annimmt.

Einkaufszentrum und Parkhaus

Richtige Familien, das habe ich als Kind immer gedacht, parken im Parkhaus. Meine Mutter ist nie mit mir ins Parkhaus gefahren, sie war immer ein wenig klaustrophobisch und hatte einen Hang zum Umständlichen. In der Stadt, in der ich zur Schule gegangen bin und von der ich geneigt bin, als meiner Heimatstadt zu sprechen, gibt es ein Einkaufszentrum und in diesem Einkaufszentrum gibt es, wie in jedem guten Einkaufszentrum, einen großen Supermarkt. Richtige Familien, das habe ich als Kind immer gedacht, machen dort einmal im Monat einen sogenannten Großeinkauf, bei dem sie mit mehreren randvoll beladenen Einkaufswagen und darauf herumtollenden Kindern den Supermark verlassen und über die Rolltreppenanlage ins Parkhaus rollen zu ihrem Familienauto.

Für meine Mutter jedoch gab es keine Großeinkäufe, sie ging täglich in den großen Supermarkt. Ich kann mich auch nicht daran erinnern, jemals gesehen zu haben, wie sie einen Einkaufswagen schob, stattdessen trug sie Stofftaschen bei sich, bedruckt mit Werbemotiven der örtlichen Apotheke oder der Urlaubsinsel Sylt. Ich vermute, dass die Wiedereinführung von Einkaufskörben in Supermärkten um die Jahrtausendwende hauptsächlich meiner Mutter wegen geschah, die, wie gesagt, nie Einkaufswagen schob, genauso wenig, wie sie Parkhäuser nutzte.

Fuhren wir doch einmal ins Parkhaus, waren Verwandte zu Besuch. Es handelte sich dann für mich um so eine Art Feiertag, einen Parkhausfeiertag. Vielleicht folgte auf ihn auch ein tatsächlicher Feiertag und seinetwegen waren die Verwandten zu Besuch, aber die feierliche Samstagsstimmung rührte vom Parkhaus her, in das man mit mir so selten fuhr. Es wurde dann viel eingekauft, mit einigen Familienmitgliedern und Einkaufswagen, jeder wollte noch irgendwohin, und diese Parkhausgeschäftigkeit erschien mir als willkommene Abwechslung zum hin und wieder einsam wirkenden Kleinfamilienleben.

Aus solchen kindlichen Eindrücken folgen bekanntlich gewisse Konsequenzen. Zum einen wäre da eine noch immer gegenwärtige Liebe zu Parkhäusern. Seit ich den Führerschein habe, bin ich nicht mehr abhängig von der Parkhausunwilligkeit meiner Mutter, und auch jetzt, wo ich eigentlich in einer größeren Stadt wohne mit größeren Parkhäusern, statte ich, wenn ich in meiner Heimatstadt bin, dem Parkhaus des Einkaufszentrums einen Besuch ab, auch wenn ich nur minimale Besorgungen zu erledigen habe. Parkhäuser erscheinen mir auch als hervorragende Location für jede Art von Party, ich freue mich über Beach-Bars, die hoch oben auf Parkhäusern aufmachen, und über jeden Parkhaus-Superlativ (das Parkhaus der Allianzarena in München ist das größte in Europa) und jede popkulturelle Erwähnung. So sang Jürgen Vogel einmal die schönen, von Marcus Wiebusch verfassten Worte: Kannst du dich erinnern, als alles begann, als Frankreich und Parkhaus nur Worte waren? Ich kann mich nicht erinnern.

Ein besonders schönes, wenn nicht sogar das schönste Parkhaus ist jenes am Ankunftsbereich (wohl gemerkt, am Ankunfts- und nicht Abflugbereich!) des Flughafens Köln/Bonn, wie überhaupt das gesamte Terrain des Flughafens großartig ist, vollgestopft mit Metropolenkram wie überdimensionalen Werbeplakaten und doppelstöckigen Straßen – nein, Highways, wie man sie nur aus Kindheitserinnerungen an Erdbebenfilme kennt. Nirgendwo sonst im Rheinland habe ich solche doppelstöckigen Highways gesehen, woraus man schließen kann, dass der internationalste Punkt des Rheinlandes der Flughafen Köln/Bonn ist, was man sich auch vorher hätte denken können, allerdings aus den falschen Gründen. Und es ist nicht gut, falsche Gründe zu haben.

Im gleichen Maß allerdings, wie er außen interessant ist, passt er sich im Inneren seinem Namen »Köln/Bonn« an – »Köln/Bonn«, das ist wie Dallas/Fort Worth, wie nicht richtig gekonnt/erst gar nicht versucht. Montagabends um elf bekommt man dort nicht einmal mehr eine Cola, selbst der Automat ist sich seiner Provinzialität bewusst und spuckt nichts aus.

Aber das Parkhaus! In herrlichen Kreiselbewegungen fährt man steil bergauf, unter Decken, die fast das Autodach berühren, aber so leicht und unbeklemmend wirken, dass der Architekt alle Architektenpreise der Kategorie »Parkhaus mit den am wenigsten beklemmenden Decken« verdient hätte. Hinauf fährt man natürlich mit noch vom Parkscheinziehen geöffnetem Seitenfenster (denn nur Profis können Parkhauskreisel hinauflenken und gleichzeitig das

Fenster hochkurbeln; und über elektrische Fensterheber brauche ich hier ja wohl nichts zu sagen), damit der Kreiselfahrtwind einem in die Ohren saust, bis man ganz schwindelig ist und denkt, man führe immer weiter nach oben bis in den Himmel oder zumindest bis auf Flughöhe durchschnittlicher Passagierflugzeuge. Ganz oben ist immer noch alles so luftig, denn es gibt keine Wände, nur dünne Stahlgitter.

Ein wahres Meisterwerk, dieses Parkhaus, das sich messen kann mit Michelangelos Pieta. Am Parkplatz angekommen begrüßt einen ein freundliches, grünes Lichtlein, das dann rot wird, weil es sich über die Anwesenheit von Fahrer und Fahrzeug freut, und anzeigt, dass man hier für ein paar Stunden (drei Euro kostet es übrigens pro angefangene, aber es hat nun mal alles seinen Preis) angekommen ist und ausruhen darf. Jeder Parkplatz hier hat so ein Lämpchen, und daran sollte sich die Welt ein Beispiel nehmen und auch überall Lämpchen haben.

Das Beste kommt aber noch: Die Überquerung vom Parkhaus zum Doppelstock-Highway. Tausend (geschätzt) kleine Brücken führen hinunter, und zwischen ihnen tut sich ein grüner Abgrund auf, dschungeldunkelgrünes Gras und sehr mitteleuropäische Bäume, die aber im richtigen Licht (man sollte dieses Parkhaus, wie so vieles, natürlich nur nachts oder bei Sonnenfinsternis besuchen, denn im Dunkeln sieht alles schöner aus: Städte, Frauen, man selbst) genauso dschungeldunkelgrün aussehen. Die Assoziation mag weit hergeholt sein (aber wo sollten weit hergeholte Assoziationen ihren Platz haben, wenn nicht in Flughafenparkhäusern?), doch die Wendung, die mir angesichts des Übergangs zwischen Park-

haus und Straßen (mehrere! übereinander!) in den Sinn kommt, ist: grüne Hölle.
Grüne Hölle, das stelle ich mir als etwas Berauschendes vor, wenn das Scheinwerferlicht sich in den Gitterfasern fahl bricht wie die Sonne im Urwaldnebel zwischen dichtem, tiefem oder, je nach Perspektive, mammutbaumhohem, tagdunklem Grün. Ich habe lange überlegt, warum ich diese Verbindung ziehe zwischen dem Parkhaus und dem Dschungel, bis mir dieser Anschein von Nebel aufgefallen ist, der die morgenmüden Passagiere hier begrüßt. Dazu rankt sich die Bepflanzung an der Parkhauswand empor, als wäre alles von langer Hand geplant, dass sich so ausschließende Dinge wie Parkhäuser und Urwälder einst wieder eins werden – ich war noch nie im Urwald, doch so stelle ich es mir vor, und ich wäre sehr enttäuscht, wenn er sich mir eines Tages als anders herausstellen sollte. Wenn mir das alles nun jemand nicht glauben will, so soll er selbst hinfahren und nachsehen. Er sollte sich allerdings merken, wo er sein Auto geparkt hat. Der Dschungel verschluckt gerne Dinge.

*

Ebenso wie das Parkhaus ist mir das Einkaufszentrum meiner Heimatstadt wohl in Erinnerung geblieben. Als ich vor kurzem durch ein Einkaufszentrum in einem Kölner Randbezirk schlenderte, fielen mir die unzähligen Ähnlichkeiten zum heimatlichen Einkaufszentrum auf, bis hin zum gleichen Marmorsurrogat, das man verwendet hatte. Beide gehören sicher der gleichen Betreiberorganisation, so ist das schließlich, in globalisierten Zeiten.

Am stärksten erinnerte mich der Geruch an Zuhause, vermutlich weil man in allen Einkaufszentren der Welt die gleichen Chemikalien im Klimasystem verwendet.
Trotz der Ähnlichkeiten betrübte mich das Einkaufszentrum. Nicht, weil es den Namen Einkaufszentrum nicht verdient hätte, so wie die hässlichen Betonschachteln in den weniger geliebten Stadtteilen, wo man nur abgegrabbelte Rolltreppenhandläufe und kaum fünf Geschäfte findet, darunter »McGeiz«, »Norma« und einen Mister Minit. Es war schon ein Einkaufszentrum nach allen Regeln der Kunst, aber es besaß nicht diese Aura des städtischen Mittelpunktes, in dem sich alle Gehwege trafen, und auch nicht diese pulsierende Betriebsamkeit, die ich während der Nachmittage meiner Jugend dort beobachtete und in die ich etwas Fernes, Bewegendes hineininterpretierte. Es gab keinen Globus-SB-Markt, vor dem ich als Kind auf meine Mutter wartete, es gab keine Burger-King-Filiale, in der ich zusammen mit Nadja die Donnerstagmittage der Oberstufenzeit verbrachte, bei King-Pommes und Cola, es gab keine Langeweile tötende Buchhandlung, in der man über die Titel der neuesten Freche-Frauen-Romane lachen konnte oder nach Erscheinungsterminen fragen, nur um mit der niedlichen Auszubildenden zu sprechen. Es gab keinen Brezelbäcker, bei dem ich im Laufe der Jahre Laugengebäck im Wert eines Kleinwagens gekauft hatte, nicht die überdachten Bushaltestellen, an denen wir unsere Freunde auf dem Weg zu den Grillhüttenpartys eingesammelt haben, nicht den Ausgang, den wir Assi-Ausgang nannten, weil die Jugendlichen aus den bildungsfernen Schichten sich am frühen Abend hier gerne zu ihren mysteriösen Zusammentreffen und Zirkeln ver-

abredeten, erst recht nicht das Reisebüro, in dem meine Mutter vor langer Zeit gearbeitet hatte oder den Modeladen für die pubertären Markenkäufer in Begleitung ihrer Eltern, der vor Äonen auch für mich einmal von Bedeutung gewesen sein muss, mit seinen unerträglich aufdringlichen Verkäufern, nicht die Nordsee, nicht den H&M, sondern immer nur irgendeine Nordsee und irgendeinen H&M.

In dem Einkaufszentrum im Kölner Randbezirk konnte ich nicht aufzählen, welche Geschäfte über die Jahre in welchem Ladenlokal aufeinanderfolgten, so wie Menschen im jugendlichen Leben aufeinanderfolgten. So wie ich ich bleibe und du du, obwohl wir uns verändern, so bleibt das Einkaufszentrum das Einkaufszentrum, selbst wenn kein Geschäft mehr das gleiche ist, und so kann auch kein anderes Einkaufszentrum mein Freund werden, denn es ist nicht du und es ist nicht ich. Das ist nämlich, vermute ich, der Fehler, den man als junger Mensch begeht, wenn man denkt, was es zu Hause Gutes gibt, das gibt es woanders genauso gut, aber größer. Größer schon, gut vielleicht auch, aber nicht mehr genauso.

Nichts wird je wieder so sein wie Parkdeck C des Löhr-Centers Koblenz, nicht Parkhaus 4 am Sonst-wie-Platz, nicht die Citytiefgarage in Irgendwo. Ich habe einmal gedacht, Janoschs »Oh, wie schön ist Panama« sei vielleicht das reaktionärste Kinderbuch, das je geschrieben wurde: Egal, wo du hin willst, Junge – sagt es doch –, du schaffst es sowieso nicht dorthin. Du kannst nicht einmal der verlorene Sohn sein, der irgendwann zurückkehrt, weil er sein Geld verprasst und seinen Bausparvertrag aufgekündigt hat, denn du schaffst es nicht einmal, irgendwohin zu entkommen, von wo du zurückkehren könntest (du Dummkopf!). Also übe dich in Zwangsoptimismus, mein Kind, und erkenne – »erkenne«, dass es zu Hause doch am schönsten ist. Jetzt vermute ich allerdings, dass Janosch mehr recht hatte, als ich immer geglaubt habe. Vielleicht bin ich seiner reaktionären Beeinflussung letztendlich doch verfallen.

Das ungefähr ging mir durch den Kopf, als ich am späten Abend in eben meinem heimatlichen Einkaufszentrum zugegen war, bei der alljährlich stattfindenden Jazz-, Blues- und Soulnacht. Die Geschäfte waren geschlossen, vor den Eingängen hatte man Bühnen und Getränkestände aufgebaut, und ergraute Existenzen, vermutlich allesamt Lehrer, wippten zu der Musik mit den Füßen. Auf den Bühnen traten Musiker auf, von denen ich noch nie gehört hatte, die aber ganz gewiss Legenden waren. Ich war jedoch nicht ihretwegen gekommen, sondern allein um der Erfahrung willen, einmal nach Ladenschluss bis Mitternacht in meinem Lieblingseinkaufszentrum zu verbringen. Also stand ich vor der Bühne, auf der eine schwarze Frau darüber sang, wie Moses das geknechtete Volk aus Ägypten führte, und wippte ebenfalls mit dem Fuß, wenn es mir passend erschien. Hinter der Bühne war der Buchladen, hinter der kubanischen Bar der Burger King, und Rauchen war ausnahmsweise gestattet. Alles erschien jetzt in anderem Licht, das Einkaufszentrum hatte sich in einen Jazz-Club verwandelt, in dem der Alkohol floss und die Musiker improvisierten, das Licht war düster, doch trotzdem schienen mir Dinge klarer, als ich umherschlenderte zwischen den Big Bands und Südstaatensängerinnen.

Ich bin mir natürlich nicht sicher, ob ein Fremder meine private Zuneigung zu einem Einkaufszentrum nachvollziehen oder verstehen kann, aber ich möchte einfach vermuten (denn ich vermute gerne), dass jeder Fremde sein Einkaufszentrum hat, auch wenn es bei ihm gar kein Einkaufszentrum ist, sondern etwas anderes, ein Schwimmbad, ein Fußballplatz, das Kinderkino im H&M in Berlin.

Gewerbegebiet

Nicht nur Bagdad ist in grüne und andere Zonen unterteilt, jede Stadt ist es. Im Westen Kölns bildet der Gürtel die Grenze einer solchen Zone: Diesseits gibt es bessere und schlechtere Wohnlagen, jenseits des Gürtels nur noch schlechte. Wer gar jenseits der Äußeren Kanalstraße wohnt, den besucht man nur unter großem Protest, und was sich zwischen Militärring und Autobahn befindet, davon weiß der durchschnittliche Zugezogene überhaupt nichts, er hat maximal eine vage Ahnung – ein Stadion und hässliche Plattenbauten, die er einmal von der A4 aus gesehen hat. Das Gebiet noch jenseits der Autobahn ist ihm hingegen schon wieder besser bekannt, denn hier fährt er hin, wenn er einen Anhänger Kies oder ein neues Sofa braucht: ins Gewerbegebiet.

*

Es ist Mittwochnachmittag, und ich habe soeben gegen die oberste Regel der Gewerbegebiete verstoßen. Ich bin mit dem öffentlichen Personennahverkehr dorthin gefahren, ohne Auto. Die Station, an der ich ausgestiegen bin, hat den vielsagenden Namen »Haus Vorst«, es ist allerdings kein Haus zu sehen, nicht einmal ein Forst oder ein Vorst, nur ein Park&Ride-Parkplatz und ein überdimensioniertes Autohaus mit Ausstellungsräumen auf zwei Etagen. Im Haltestellenhäuschen tun Teenager das,

was das Wort »herumhängen« überraschend treffend beschreibt, dazu hören sie Juli.
Ich marschiere die weitläufige Straße entlang. Conrad-Elektronik, Teppichdomäne Hülster, Maxus, dazwischen unpassende kleine Backsteinhäuser, die griechische Restaurants beherbergen, ein verloren aussehender Reiterhof und etwas, das wohl einmal eine Kapelle gewesen sein muss. Davor jetzt ein Teakmöbelsonderverkauf, ein unseriös aussehender Mann sitzt allein auf seinen Teakmöbeln und wartet auf Kunden. Schließlich McDonalds und auf der anderen Seite ein orangefarbenes Monstrum von Baumarkt. Alles ist eingefasst von Autobahnen. Billige Hotels reihen sich aneinander.
Ich fühle mich unsicher, weil ich nicht weiß, wie tief man sich zu Fuß in diese so fußgängerfeindliche Landschaft hineinwagen darf. Nach einem langen Marsch entlang einer Bundestrasse und unter einer Autobahn hindurch taucht ein Burger King auf, im Halbrund gebaut wie ein futuristischer Wachturm, aus gläsernen Panoramafenstern heraus lässt sich das ihm zum Schutze angetragene Gewerbegebiet überblicken: der MediMaxx, die Spielothek »Spiel Oase« mit der Palme und dem Sonnenuntergang im Logo, das Tankcenter Badziong. Eine Waschanlage wirbt auf einer Tafel mit den Worten »Neu – Lammfell-Wäsche* – Neu«, daneben sind zwei kleine Schafe aufgemalt, aber die Sternchenerläuterung stellt klar, dass es sich um synthetisches Lammfell handelt. Was hätte auch echtes Lammfell in einem synthetischen Gewerbegebiet verloren gehabt? Diese paar Hektar Erde offenbaren mehr soziale Spannungen als zehn Monitorberichte – heruntergekommene Läden und zwielichtige

Firmengaragen stehen Tür an Tür mit den glitzernden Möbelhauspalästen
Es würde wohl jeder, der sein Geld nicht damit verdient, behaupten, Gebiete wie dieses müssten aus rein ästhetischen Gründen zurückgeschlagen werden, von den Landkarten getilgt. Aber was wäre die Alternative? Erdrückend langweilige Landwirtschaft, öde braune Äcker, soweit das Auge reicht? Rapsfelder, in denen die Depression haust? Nur kurzsichtige Menschen können das für eine Verbesserung der Lebensqualität halten. Vor zehntausend Jahren gab es hier vielleicht einmal einen Urwald, einen tiefen, stinkenden Sumpf, das wäre das Leben gewesen, aber damit haben wir schon lange abgeschlossen. Jetzt gibt es stattdessen Megastore, Profimarkt und Riesenwelt und kein Zurück mehr, jetzt sind Gewerbegebiete das Beste, was wir haben. Sie sind die beflaggtesten Teile unserer Städte, wenn wir ihnen in unserer Gutmütigkeit denn erlauben, sich noch zu unseren Städten zu zählen. Zehn Meter hohe Säulen verteilen sich über die ganze Fläche, gekrönt von beleuchteten Werbeschildern, immer im Dreieck aufgebaut, so dass sie aus allen Himmelsrichtungen sichtbar sein mögen. Manchmal sind es auch winkende Bären oder aufblasbare Affen, die man aus der Ferne erkennt.
Im Vorbeifahren, auf der Autobahn, in der Dämmerung entfalten Gewerbegebiete ihre ganze Schönheit. Sie erscheinen im Glanze eines schlechten Las Vegas oder eines dieser städtischen Randgebiete im amerikanischen Westen, über ihnen weht der Wind und ein Derivat des alten Frontier-Geistes, des alten Zugs nach Westen, und auch ein Derivat ist ja noch etwas. In der Ferne meint man die

Rocky Mountains schon zu erahnen, auch wenn es nur die Gebirgsausläufer der Eifel sind.
Ich fühle mich unterzuckert (ich fühle mich immer unterzuckert) und flüchte in ein weiteres Fast-Food-Restaurant an der Straße, das von einem außergewöhnlich unpassenden Jägerzaun umfasst wird. Im Restaurant läuft Musik, Bob Marley. Ich esse meine geformten Hähnchenteile trotzdem, hier im Gewerbegebiet, das sich, wie ich herausgefunden habe, Europapark zu nennen pflegt. So ist das mit dem alten Europa, es ist eigentlich auch nichts anderes als eine Anhäufung sehr großer Verbrauchermärkte auf billigem Land, wenn man seine Geschichte in wenigen Worten zusammenfassen will.
Weitere Factory Outlets und Postzentren säumen die baumlose Europaallee, an deren Ende ich feststellen muss, dass sie mich nicht zurück zur Straßenbahn führt. Nach links biegt eine im Bau befindliche Straße ab, ein Schotterweg, dessen nagelneue Bürgersteige zugestellt sind mit Baumaterialien und Rüttelmaschinen. Ich passiere dickbäuchige Arbeiter, die in der Nachmittagshitze sitzen und Eis schlecken, dann endet die Baustelle in einem unfertigen Kreisel. Nur ein von Traktoren ausgefahrener Feldweg führt weiter, durch die Felder, entlang der Autobahn, ich schlage seine Richtung ein, um zurück zur Straßenbahnhaltestelle auf der anderen Seite zu finden. Die Gräser rechts und links werden immer höher und wiegen im Wind, Mäuse flitzen aufgeregt durch mein Blickfeld, aus mittlerer Entfernung schallt das monotone Dröhnen der Autobahn. Plötzlich hört auch der Traktorpfad auf, ich stehe inmitten hüfthoher Pflanzen auf dem Feld, und mir wird klar, wo ich bin. Das muss das Ende der Stadt sein,

denke ich. Wo, wenn nicht hier? Hier ist meine Stadt zu Ende, und auf einem ganz ähnlichen Feld oder auf einem vollkommen anderen wird jede Stadt ihr Ende finden. Mit dieser Erkenntnis in den Taschen und ein wenig Freude darüber nehme ich denselben Weg zurück, den ich auch vorhin kam.

Es ist beileibe keine schlechte Erkenntnis, denn wir sind geometrische Menschen in einer geometrischen Welt und was uns am meisten interessiert, das sind die Mitte und der Rand von allem. Wir wollen wissen, wo in unseren Städten alle Straßen zusammenlaufen, wo die Mitte der Welt ist und wo der Ort, an dem wir am wenigsten verpassen. Aber genauso neugierig blicken wir aus dem Zugfenster, auf der Fahrt in eine fremde Stadt, weil wir nicht verpassen wollen, wann sie anfängt, weil man nie verpassen will, wann es anfängt. Wir achten mit Adleraugen auf jede Schrebergartensiedlung, die aus dem Nichts auftaucht, und jedes Vorstadthausdach, das am Horizont erscheint, und dann ist es so weit: Die Stadt beginnt. Oder sie endet eben, je nachdem, in welchem Zug man sitzt.

Ich überquere den weitläufigen, leeren Parkplatz vor einem Möbeldiscountmarkt, über der Eingangstür beschallen Lautsprecher die Besucher etwas zu laut mit Radiomusik. In diesem Moment singt jemand:

»We don't have to live in a world,
where we give bad names to beautiful things.
We should live in a beautiful world.
We should give beautiful a second chance«.

*

Kinder schreien, Geländewagen rollen im Schritttempo über die Straße und bleiben stecken, Chaos herrscht. Es ist immer noch nicht Bagdad, es ist immer noch ein Gewerbegebiet. Ein Samstagnachmittag, ein paar Monate später, hundert Kilometer weiter südlich.
Diesmal war ich so klug, das Auto zu nehmen. Bei Nussplunder und Wasser sitze ich in der Cafe-Bäckerei und schaue den anderen Wagen zu, umgeben von zweistöckigen Anglerbedarfsgeschäften, Küchenstudios und vor allem von Parkplätzen. Parkplätze dominieren hier draußen, sie sind die »unique selling proposition« eines jeden Gewerbegebiets, die Menschen kommen nicht hierher wegen der Produkte oder wegen des Service oder wegen der freundlichen Atmosphäre, sie kommen hierher wegen der Parkplätze. Das ist in Ordnung, es gibt nichts, was man gegen Parkplätze sagen könnte, selbst sie haben ihre eigene Anmut, besonders hier draußen.
Im Cafe stärken sich die Kombattanten, bevor sie sich ins samstägliche Gewühle stürzen, Familien meistens und junge Provinzler mit S.Oliver-Motiv-T-Shirts. Ein Auto fährt weg, und sofort kommt ein neues, um den Platz zu besetzen. Es ist ein rasanter Austausch, ein fliegender Wechsel, keine Stelle bleibt unbesetzt.
Das Gewerbegebiet verleitet dazu, an die eigene Zukunft zu denken: Mit wie vielen Kindern wird man selbst irgendwann zwischen Intersport Krumholz und Siemes SchuhCenter hin- und herfahren und mit was für einem Kombi und wie groß werden die Tüten dann sein und wie gut die Ehefrau aussehen? Nirgendwo gibt es so große Tüten wie in Gewerbegebieten, die Menschen laufen hier herum mit Tüten, die jeder Beschreibung spotten.

Im Bäckereifernseher läuft Werbung für eine Musiksammlung zum Autofahren, nächtlich beleuchtete Boulevards werden gezeigt und einsame Highways in wilder Natur. In Wirklichkeit fährt man mit seinem Auto nicht über nächtlich beleuchtete Boulevards und einsame Highways in wilder Natur, sondern samstags durch die Straßen im Gewerbegebiet. Warum gibt es dafür keine Musiksammlung?

Im Zoogeschäft, nein: »Zoo-Erlebnismarkt«, schieben Eltern ihre Tochter im Einkaufswagen an den Fischen vorbei. »Wir wollten doch nach Fischen gucken«, sagt die Mutter, aber das Kind antwortete resolut »Nein!«, worauf die Mutter das lauteste Genervte-Mutter-Stöhnen ausstößt, das ich je gehört habe. Gewerbegebietstraße, Boulevard der zerbrochenen Kinderträume, Boulevard der zerbrochenen Mütterträume.

Autos fahren die Einfahrt zum Parkplatz hinein, andere die Ausfahrt hinaus, es macht bummbumm, ständig macht es bummbumm, das ist der Gewerbegebeat. Junge Eltern ziehen ihren Kindern die Anorakreißverschlüsse zu, denn es wird kalt und es gibt sicher noch viel zu erledigen, hier draußen. Nach zehn Minuten Fahrt habe ich die fünfhundert Meter zum nächsten Geschäft auf dem Reiseplan zurückgelegt, zehn Minuten Stop and Go, wie man so sagt, zehn Minuten Samstagsradio.

Jetzt stehe ich vor meinem liebsten Geschäft des Gewerbegebiets, dem Sport- und Outdoor-Kaufhaus. Es ist für einen wesentlichen Teil des Gefühls verantwortlich, das einen überkommt, fährt man samstags durch Gewerbegebiete. Denn Gewerbegebiete sind sich nicht selbst genug, sie weisen hinaus, in die weite Welt, zu schottischen

Hochmooren, Alpenhöhlen, kanadischen Wäldern und blendend weißen Skipisten, denn zu all dem das Tor ist das Sport- und Outdoor-Kaufhaus – das will es uns zumindest weismachen. Und es gelingt ihm, mit seinen Plastikfelswänden, seinen künstlichen Wasserfällen, den Bachplätschergeräuschen und dem Testsee für die Schlauchboote. Für alles findet man hier die richtige Ausrüstung, nein, besser: das richtige Equipment, von der Arktis bis zur Antarktis. Ach Robert Scott, warst du auch so gerne in Gewerbegebieten? Wohl nicht. Aber wärst du doch nur gewesen! Statt dir laufen Kinder umher und halten ihre kleinen Kinderhände an die Teststationen, an denen man »Wasser- und Winddichtheit erleben« kann. Potenzielle Midlife-Crisis-Opfer drehen sich in ihren neuen Outdoor-Jacken hin und her und fragen bei ihren Frauen nach, aber »wenn der Schnitt nichts taugt, dann bringt das Ganze nichts«, antworten diese. Robert, hätte man dir das nur auch gesagt, damals. Kompasse mit LED-Anzeige, GPS-Geräte, topographische Wanderkarten, all das hattest du nicht. »Wie lange dauert das Bestellen? Ist das dann zur Ansicht oder fix?« Zur Ansicht natürlich nur, im Gewerbegebiet ist alles nur zur Ansicht, so wie schließlich alle Verkaufsüberlegungen enden in dem Satz »Dann müssen wir wohl nächste Woche mal nach«, ergänzt durch die Ortsangabe eines anderen Gewerbegebiets. Beim Verlassen des Outdoor- und Sportparadieses sehe ich ein Kleinkind, das an einem kleinen Testloch Golf spielt.

Der Dschungel, werter Leser, ist wiederhergestellt, der Urwald, der tiefe, stinkende Sumpf, der das Leben gewesen wäre, nicht ganz so, wie er einmal war, sondern nur noch als Versprechen, ihn erleben zu dürfen, irgendwo anders auf der Welt, ihn – besser noch – sicher erleben zu dürfen, mit dem richtigen Equipment und der richtigen Outdoor-Jacke.

Es geht mit dem Auto weiter, vorbei an der Diskothek, in der heute Abend die jugendliche Unterschicht ihren Untergang feiern und mit Wodka-Redbull begießen wird. Wieder dauert es fünf samstägliche Radiominuten lang, bis ich auf dem größten Parkplatz ankomme, vor dem Großeinkaufsmarkt und den Geschäften, die sich in einem aufgegebenen Möbelhaus eingenistet haben.

Die Geschäfte in den Ruinen des Möbelmarkts, dessen große Eröffnungsangebote mir noch gut in Erinnerung sind, sind grauenhaft, die Parasiten des wirtschaftlichen Niedergangs, der Schimmel und der Rost, der sich ansetzt, wenn Hübsches zerbröselt: Kik und T€di und C&A und ein Friseur, der »Friseur« heißt bzw. »Friseur der kleinen Preise«; ganz am Ende des Ganges schließlich, wie das Herz der Finsternis in Conrads Kongo, ein QVC-Outletstore. Es riecht darin tatsächlich nach Oma.

Vor dem Großmarkteingang, dem Parkplatz gegenüber, sitzt ein Kind in einem Geldeinwerfhubschrauber und schreit fröhlich nach seiner Mutter. Ich fahre zurück, rolle eher, in der Samstagnachmittagskarawane, vorbei an einem China-Restaurant im zweiten Stock über einem Matratzengeschäft.

Das China-Restaurant hat mich begeistert, seit ich klein war, der Ausblick, den man über das Gewerbegebiet haben könnte von dort, diese Lage, dieses Industrielle, dieses Urbane inmitten der Provinz. Würde ich nur chinesisch essen, ich reservierte dort jetzt schon für meine Magisterfeier, mein Hochzeitsmahl und meinen Leichenschmaus. Einige hundert Meter weiter entdecke ich inmitten eines Elektronikmarktparkplatzes ein kleines Büdchen mit Leuten drin, die essen, den Red Dragon Thai Imbiss. Frag mich, wo der rote Drache wohnt, ich kann es dir jetzt sagen.

Hotel

In Ordnung, die Verkleidung war nicht ganz perfekt. Der Anzug ist nur von Esprit, das Hemd von H&M und nicht richtig gebügelt, der Trolley von Tchibo und an einer Ecke lädiert, und von dem Rucksack einer Kölner Skateboardfirma wollen wir lieber ganz schweigen. Immerhin habe ich dem Taxifahrer verhältnismäßig, das heißt für mein Verhältnismaß, viel Trinkgeld gegeben, was ihm aber kaum die Freudentränen ins Gesicht trieb. Er übte sich sicher in stiller Erwartung, wenn der Fahrgast ein Hotel der oberen Kategorie als sein Ziel benennt. Das Benennen, ja, das fiel mir ein wenig schwer, ich war ein wenig elitär und ein wenig aufgeregt, als ich den Namen des Hotels nannte.

Der Check-In verlief zum Glück ohne größere Peinlichkeiten, sieht man einmal davon ab, dass ich natürlich keine Kreditkarte hatte, um Deposit zu hinterlegen, sondern nur eine EC-Karte der Volksbank Montabaur-Wallmerod eG. Immerhin versuchte kein servicewildes Personal mir meinen Rucksack und den Tchibo-Trolley zu entreißen. Die Dame an der Rezeption war jung, freundlich und nicht einschüchternd, einschüchternd nur die persönliche Begrüßung durch den Ich-habe-vergessen-was-Manager on Duty, welche ich einer kleinen Lüge zu verdanken hatte (ich war zwar nicht perfekt verkleidet, aber man soll mir nicht nachsagen, ich wisse überhaupt nicht, wie man hochstapelt). Nein, ich wisse gerade nichts, was er für mich tun könne, nehme seine Karte aber sehr gerne, versuchte ich wenigstens elitär-verwirrt zu stottern, als sei ich ein berühmter Programmierer, Komponist oder Handlungstheoretiker, der schon ein wenig Byebye zur Alltagswelt gesagt hat, wo ich doch schon keine präzisen, weltgewandt wirkenden Antworten herausbekam. Ich hätte ihn nach dem W-Lan fragen sollen.

Nachdem ich noch ein wenig irritiert herumgetan hatte, rollte ich Richtung Aufzug, denn nein, ich bräuchte keine Hilfe beim Gepäck, wehe jemand fasst meinen TCM-Koffer an. Jetzt bloß keine Blöße geben, warum geht die blöde Aufzugtür nicht auf, machschon machschon. Schön, über den Türen sind keine digitalen Stockwerkanzeigen, sondern jene halbrunde Skala mit Stockwerken und ein entsprechender Zeiger, der hin und her fährt. Ich bin nicht stolz, Deutscher zu sein, aber jetzt kann ich wenigstens sagen, ich sei stolz, einmal mit einem Aufzug gefahren zu sein, der eine solche Anzeige besitzt. Während der Fahrt freue ich mich darüber, dass tatsächlich alle Stockwerke als Galerie angelegt sind über der Lobby, wie ich es mir von einem Hotel der oberen Preisklasse gewünscht hatte. Früher waren die teuersten Hotels ja immer auch die größten, das ist heute kaum mehr so. Es hat sich da eine Dissoziativität eingeschlichen, die ich zutiefst bedauere.

In einem Seitengang liegt mein Zimmer, »Preferred Guest Room« steht an der Tür. Ich verstehe darunter, dass ich etwas Besonderes bin (ein Missverständnis, das sicher auch in eben erwähnter kleiner Lüge begründet liegt), schaue aber sicherheitshalber noch mal nach, ob nicht an allen Türen »Preferred Guest Room« steht. Tut es nicht. Das Zimmer ist toll, oft wird man ja enttäuscht im Leben,

diesmal nicht, so ungefähr hatte ich mir das ausgedacht. Neben dem Fernseher, auf dem das Ausruhprogramm des Hotels läuft (einsamer Wedler auf einer Skipiste etc.), liegt das aktuelle *Cicero*-Heft, *Business Traveler* und das Lifestyle-Magazin der *Wirtschaftswoche*.
Gestern noch hatte ich jemandem erklärt, dass ich, bei allem Interesse daran, was die anderen, mit denen man nichts zu tun haben will, so treiben, nicht mehr bereit bin, den Neocons von *Cicero* so viel Geld für ihr Magazin in den Rachen zu werfen. Denn man kann es mit Neocons ja halten, wie man will, aber Geld in den Rachen werfen, das sollte man ihnen nicht. Sagt einer, der im Fünf-Sterne-Superior-Hotel sitzt. Nun gut, da hat sich das Problem mit *Cicero* ja erledigt, dachte ich (dachte damals sicher auch Caesar), jetzt kann ich es umsonst lesen und mich über die Themen und Meinungen aufregen (»Sarkozy intim« bzw. »Ein dramatischer Appell von Ralph Giordano«). Wobei ich mir bei genauerem Nachdenken gar nicht mehr sicher bin, ob das Heft nicht doch noch etwas kostet, denn gerade hier kostet ja alles irgendetwas. Man denkt doch eigentlich, in so einem Hotel sei dann wenigstens das Wasser umsonst oder doch zumindest das W-Lan, aber weit gefehlt. Ein wenig erinnert mich das an eine alte Donald-Duck-Geschichte, in der er mit Tick, Trick und Track in einem billigen Motel von Onkel Dagobert absteigt, wo man in alles Geld einwerfen muss, damit es funktioniert. Wahrscheinlich sogar in die Schubladen, damit sie sich öffnen und man etwas hineinlegen kann. Und das ist mal wieder genau der Punkt, der Punkt nämlich, an dem sich alles trifft, arm und reich, das schlechteste Hotel der Stadt und das beste Hotel der Stadt: Überall muss man

Geld hineinwerfen. Das ist, man kann es nicht oft genug betonen, die nivellierende Kraft des Kapitalismus. Nivellierend, Adorno wäre stolz auf mich, dass ich dieses Wort benutze. Wobei, bei genauerer Betrachtung denke ich, er wäre sicher nicht stolz auf mich.

Jetzt sitze ich also in dem Hotelzimmer, das tatsächlich so ist, wie ich es mir vorgestellt habe, mit einem Einzelzimmerbett, so groß, dass anderswo ganze Orgien darauf gefeiert werden könnten, mit einer unglaublich klassischen Tapete und einem grandiosen Bad. Nur die Bilder an der Wand, die könnten die gleichen sein wie in dem heruntergekommenen Gästehaus im Nachbarort meiner Kindheit.

Eben hat es geklingelt, richtig geklingelt, nicht geklopft, geklingelt, so als sei mein Einzelzimmer ein Einfamilienhaus, und eine Aufräumdame trat herein, sie habe, sagte sie, den Rotwein vergessen, und sie sagte das sehr bodenständig, eigentlich resolut, wie die Putzfrau einer Grundschule. Sie trug zwar die schöne Uniform des Hotelpersonals, doch dazu ein so zerknittertes, zerrauchtes und überschminktes Gesicht einer Fünfzigjährigen, dass ich fast ein wenig erschrak, genauso wie vor dem vielen Lippenstift auf ihren Zähnen. Sie plazierte also die Rotweinflasche im Kühlschrank, und irgendwie war es mir eine Erleichterung, dass sie hier so hereinplatzte, es nahm mir etwas die Angst, unangenehm aufzufallen. Vielleicht ist das auch ein besonderer Service, jedem Gast, der so wirkt, als sei er angesichts der superioren Welt verunsichert, schickt man die zerknitterte Housekeeping-Frau aufs Zimmer, aus irgendeinem Vorwand, Rotweinflasche vergessen, Mülleimer nicht geleert, die ihn daran erinnert, dass überall nur mit Wasser gekocht bzw. geputzt wird und dass kein Ort dieser Welt davor gefeit ist, dass die Menschen, die ihn putzen, resolute ältere Damen sind. Und wo die sind, da kann man sich dann auch gleich wie zu Hause oder zumindest wie in der Grundschule fühlen. Die nivellierende Kraft der Putzkolonne.

Ich habe den Wellness- und Spa-Bereich, wie man wohl sagt, besucht. Allgemein bin ich sehr zurückhaltend gegenüber öffentlichen Bade- und Hygieneanstalten, um genau zu sein handelt es sich bei meiner Einstellung sogar eher um Abscheu als um Zurückhaltung. Ich gehe nicht in Saunen, Solarien oder Dampfbäder, ja eigentlich war ich sogar sehr lange in keinem Schwimmbecken mehr. So betrachtet ist das Halböffentliche des Oberklassehotels eine gute Möglichkeit, mich wieder an die Kulturleistung des Badengehens heranzutasten. Ich nahm den Pool-Lift, nachdem ich mehrere Stunden darüber nachgegrübelt habe, ob ich mir bereits im Zimmer Bademantel und Badeschlappen anziehen muss, mit der Badekleidung darunter, oder ob ich mich erst im Wellness- und Spa-Bereich umziehe. Gegen Ersteres sprach, dass es doch mehr als unangenehm wäre, im Bademantel neben anderen Aufzug zu fahren. Andererseits gibt es zur Lösung dieses Problems vielleicht auch eben den separaten Pool-Lift. Da nun auch alles Grübeln der Welt mich nicht in den Wellness- und Spa-Bereich brachte, stieg ich schließlich in Anzughose und Hemd in den Aufzug, in der Hand Tuch und Badehose.

In der Pool-Etage, die leider unten ist und nicht im obersten Stockwerk – dieser Wunsch bleibt also doch unerfüllt –, empfängt mich eine junge Frau mit osteuropäischem

Akzent, den ich als entwaffnend empfinde. Sie erklärt mir, dass ich kein Handtuch hätte mitbringen müssen oder sollen, ich sage, dass ich nur in den Pool will, sie sagt, ich bräuchte ja für die Sauna sowieso noch ein zweites Handtuch, ich sage, dass ich nur in den Pool will, nicht in die Sauna. Sauna, das geht mir auch bei aller Halböffentlichkeit dann doch zu weit. Es gibt einen kleinen Schwimmbadschrankschlüssel, den man sich um den Arm schnallt, und einen Umkleideraum, in dem die Schwimmbadschränke passend zu den Schlüsseln stehen. Keine Umkleidekabinen. Wieso gibt es in einem Fünf Sterne Superior Hotel keine Umkleidekabinen? Es will sich doch niemand, der mehrere hundert Euro für eine Nacht zahlt, in Grüppchen umkleiden, die unangenehme Erinnerungen an den Schwimmunterricht in der Schule wecken. Was soll denn noch ein Refugium für die Verklemmten sein, wenn nicht ein Hotel? Auch die Duschen sind offen, ich dusche in Badehose. Immerhin ist alles leer, keiner da, vor dem man sich verstecken müsste.
Die Pool-Etage hat wie alle Pool-Etagen keine Fenster, künstliches Licht scheint auf sorgsam ausgewählte Kacheln, auf eine gerade nicht besetzte Pool-Bar, Liegen und Korbsessel und außer auf mich, auf kaum jemanden sonst. Ich steige ins Wasser und lasse mich herumtreiben, schwimme ein paar Mal im Kreis, dann in Rückenlage. Nach mir steigt ein weiterer Mann ins Wasser und lässt sich ebenfalls in Rückenlage umhertreiben. Ich beschließe, dass diese Form der Wasserfortbewegung die in Oberklassehotel-Pools bevorzugte ist. Ich stehe noch ein wenig im Wasser und schaue an mir herunter, wie kleine Luftblasen an meinem Oberkörper hinaufsteigen. Der

Blick ins Wasser bildet, im Bewusstsein, dass man sich in Berlin, im Pool eines teuren Hotels befindet, ein wunderbares Panorama. Mein Körper wirkt weich und in schöne Farben getaucht. Die fensterlose, künstlich beleuchtete Abgeschiedenheit von den Anforderungen, die draußen hinter jede Ecke lauern, ist ein Segen, aber dieser Segen funktioniert natürlich nur, wenn man daran denkt, wie viel eine Nacht kostet. Und er funktioniert, weil die Pool-Etagen der Vorstellungskraft so viel Raum lassen, was jenseits der Hotelwände liegt. Wenn man hier den Blasen an seiner Badehose beim Hochsteigen zusieht, könnte draußen so gut wie alles sein, Berlin, New York, Rio, Tokio oder der Mond. Irgendwann zwingt mich die Unruhe aber doch, das Becken zu verlassen. Ich warte darauf, dass das Ehepaar den Whirlpool räumt, weil ich mich ganz bestimmt nicht zu ihnen dorthinein setzen werde. Ich nehme eines der ausgelegten Bettlaken, breite es auf einer Liege aus und lege mich hin, aber die Unruhe lässt mich nicht entspannen. Ich bewundere den Mann, der außer mir als Einziger auf einer der Liegen ruht, regungslos, als sei er eingeschlafen, aber nicht so würdelos herumhängend wie ein Schlafender. Er liegt mit der lockeren Anspannung des Ruhenden. Ich höre platschplatsch und eine Tür, die sich schließt. Der Whirlpool ist frei geworden und wird von mir besetzt. Aber auch hier drin kann ich meiner Unruhe nicht lange entkommen, die Wasserdüsen sind mir zu stark und in meinen Ohren klingen die Worte meiner Mutter, dass man sich nicht zu lange in heißem Wasser aufhalten dürfe. Also verlasse ich nach kaum einer Stunde den Wellness- und Spa-Bereich wieder, in dem leise klassische Musik störend auffällt, wenn man genau hinhört und der Whirlpool gerade nicht sprudelt.

*

Es ist gegen zwei Uhr, als ich zurück ins Hotel komme. Für eine Samstagnacht ist es erstaunlich ruhig. Von außen konnte man kaum ein Fenster erkennen, hinter dem noch Licht brannte, und in der Lobby, rund um die ausladende, wirklich beeindruckende Treppe in den ersten Stock, sitzt keiner. Auch ich bin zu müde, um noch zu versuchen, hier ein bestimmtes Flair zu genießen, ich hätte es vielleicht getan, wäre der Flügel besetzt gewesen. Im Aufzug fahre ich nach oben, und die Galeriegänge der Stockwerke ziehen an mir vorüber. Ganz über allen thront eine Kuppel, durch die man leider nicht hindurchsehen kann in den Sternenhimmel. Im Zimmer schalte ich die Stehlampe an, eine Deckenlampe gibt es nicht. Ich bin müde und beschließe, mich schlafen zu legen. Die vielen Kissen erweisen sich als störend, ich werfe die Hälfte von ihnen auf den Fußboden. Die untere der beiden Decken ist so fest in die Bettritzen gesteckt, dass ich sie auch mit großer Kraftanstrengung nicht herausziehen kann. Ich ergebe mich ihr und schiebe mich dazwischen, wie in einen Schlafsack.
Am nächsten Morgen betrete ich die Dusche. Ein Duschvorhang, bemerkte Nadja gestern, als sie mein Bad begutachtete, wirke nicht sehr luxuriös. Im Prinzip hat sie recht, aber dieser Duschvorhang scheint mir eine Ausnahme zu sein, in seinem ins Goldene stechende Beige, welches hier auch die Farbe der Angestelltenkleidung ist. Außerdem wird der Vorhang ergänzt durch eine Glasscheibe dahin-

ter, das unterscheidet dieses Bad von anderen Bädern mit Duschvorhang. Wenn ich hier jedenfalls irgendetwas klauen würde, dann nicht den Bademantel oder die Handtücher, sondern den Duschvorhang. Ich hantiere an den raffinierten Duscharmaturen herum und dusche. Das Frühstück habe ich verpasst.

*

Müde und angeschlagen drängle ich über die Bundesstraße, denn bis zweiundzwanzig Uhr muss ich da sein, danach ist die Rezeption nicht mehr besetzt. Das Hotel liegt in einer Seitenstraße des Industriegebiets, zwischen Reitsportparadies und Lagercontainern einer Umzugsfirma. Im Internet wirbt die Kette, die sich auf Unterkünfte dieser Art spezialisiert hat, mit dem Bild von einem im Hochbett herumtollenden Pärchen und dem griffigen Slogan »Hier übernachten die Schlauen«, auch wenn »Hier übernachten die Müden und Angeschlagenen« vermutlich der Wahrheit näher gewesen wäre. Ansonsten geht man aber humorvoll mit der eigenen Unzulänglichkeit um.
Neben dem einen Stern auf der Hotelkategorieauszeichnungsplakette klebt ein Schild, das mir mitteilt: »Nur ein Stern. Aber den richtig.« Im Treppenhaus interpretieren weitere Werbemotive die Nachteile der Vertreterjugendherberge in Vorteile von unschätzbarem Wert um: »Keine Hostessen an der Bar. Kein Ärger mit der Frau. Ein Service Ihres Hotels.«
Der freundliche Rezeptionist reicht mir die Rechnung (»Rechnun« steht darauf, selbst an den Buchstaben scheint gespart zu werden), die gleichzeitig mein Schlüssel

(»Schlüssel haben wir nicht«) darstellt, in Form eines sechsstelligen Zahlencodes. Im Flur des dritten Stockes komme ich mir vor wie auf einem Schiff, Kabine an Kabine, Mauern sind nicht zu erkennen, nur Plastikverkleidungen in, wie zu erwarten, einem abstoßenden Farbton: ausgewaschenes Türkis, weißmeliert. Die Schiffsillusion wird unterstützt von einem lauten Motorengeräusch, das man im Zimmer zum Glück nicht mehr vernehmen kann.
Dafür hat es aber anderes zu bieten: ein bequem aussehendes Bett überzogen mit einer Decke, deren Motiv dem von Gartenmöbelauflagen aus den achtziger Jahren ähnelt, darüber und im rechten Winkel dazu ein weniger bequem aussehendes Hochbett (nun kann ich später mit mir selbst ausmachen, wer oben schlafen darf); in der Ecke des Zimmers ein Waschbecken mit breiter Einfassung und zwei große, viertelkreisförmige Spiegel, in denen ich mich ansehe und mein Spiegelbild heute zum ersten Mal ansprechend finde, in der anderen Ecke ein viertelkreisförmiger Tisch, darüber ein Radio und ein kleiner Fernseher, davor ein ungepolsterter Hocker ohne Rückenlehne; alle Möbel sind in einem violetten Farbton gehalten, und es ist erstaunlich, wie sehr der Ton sich doch mit dem Türkis der Tür beißt, obwohl doch beide gleich hässlich sind und alle ästhetischen Normen schon lange hinter sich gelassen haben. Gegenüber das Spektakulärste am Zimmer: Dusche und Toilette, wobei es irreführend wäre, hier von zwei getrennten Entitäten zu sprechen, es handelt sich vielmehr um ein großes, aus Plastik gegossenes Ding, das in die Wand eingelassen wurde. Einer dieser famosen Nasszellen also, von denen ich schon so viel gehört habe.

Zumindest sie bestätigt die Illusion, auf einem Schiff zu sein, in tobender See. Am meisten wundere ich mich über einen Fensterabzieher, der in der Duschtoilettenkombination hängt, das einzige Utensil, was das Hotel einem hier zur Verfügung stellt, ich bin mir aber seines Zweckes nicht sicher. Das Hochziehen der Fensterjalousien (alle Fenster scheinen hier standardmäßig zugezogen) zerstört die seefahrerischen Ambitionen dann jedoch. Draußen ein Parkplatz, kein offenes Meer. Beim Aufhängen der Jacke bemerke ich, dass die Kleiderbügel fest an der Kleiderstange verankert sind. Keine Chance, hier auch nur das Geringste mitgehen zu lassen. Ich esse ein Stück Gewürzkuchen, den mir meine Mutter mitgegeben hat, mit den Händen, weil mir eine Gabel fehlt, dazu trinke ich Wasser. Ich würde mich gerne in die Hotelbar setzen, um verzweifelten Vertreterexistenzen dabei zuzusehen, wie sie ihr Leben und ihre Leber ruinieren, aber es gibt nicht nur keine Hostessen an der Bar, sondern auch keine Bar. Immerhin verspricht die Broschüre »Wichtige Informationen für unsere Gäste« »Wireless-Lan in der Cafeteria (gegen Gebühr)«. Klingt verlockend, vielleicht gibt es da ja auch Rückenlehnen an den Hockern. Nachdem die erste Begeisterung für die seltsame Zimmerausstattung abgeflaut ist, empfinde ich das Sitzen nämlich doch als unbequem. Ich ziehe auch die Jalousie wieder herunter.

Beim Herausgehen vergesse ich natürlich fast den Zettel mit dem Türcode, ich musste ihn ja leider nicht auswendig lernen und den Zettel aufessen. Im Flur kommt sofort die Vorstellung wieder zurück, ich sei auf einem Kreuzfahrtschiff mitten auf dem Atlantik. Aus einem Nachbarzimmer dringt das unnachahmliche, einzigartige Geräusch eines laufenden Fernsehers hinter verschlossener Tür. Ich entdecke im Gang eine kleine, auf großartige Weise unsinnige Nische, kaum einen Meter breit und einen viertel Meter tief, in der nichts steht außer einem Topf mit einer langweiligen Blume, die den Eindruck erweckt, als sei sie zusammen mit der Nische, wie Toilette und Dusche, auch aus einem einzigen Stück Plastik gegossen worden. W-Lan gibt es, selbst auf den Zimmern, aber und nur für Kreditkartenbesitzer und Kunden eines bestimmten Mobilfunkanbieters.

Die Cafeteria und die Rezeption sind geschlossen, aber im Erdgeschoss steht ein Computer. Ich werfe zwei Euro ein und habe zehn Minuten Internetzeit. In einem der angrenzenden Zimmer blökt jemand wie ein Schaf. Vielleicht geht ja doch noch irgendwo die Party der Verzweifelten ab. Ich schaue nach, ob in der Mappe mit den Stadtinformationen vielleicht in einem Akt schonungsloser Zielgruppenorientierung die Adresse des nächsten Puffs angegeben ist. Einsam liegen ein paar Schokoriegel im Snackautomaten aus, auf den die Werbeschilder im Treppenhaus auch hinweisen. Mehr als gruselig wäre die Vorstellung, man säße hier fest, so wie Jugendliche in einer Jugendherberge. Ohne das Gefühl des Autoschlüssels in der Hosentasche sind Hotels wie dieses sicher kaum zu ertragen. Es geht nur, solange man weiß, dass man jederzeit fliehen kann. Noch gruseliger nur die Vorstellung, man hätte sein Zimmer ohne Autoschlüssel, Handy, Geld und Türcode verlassen und stände jetzt hier im einsamen Flur vorm Snackautomaten, womöglich noch im Schlafanzug, niemand, an den man sich wenden könnte, in Reichweite, einsam mitten im Industriegebiet. Man müsste wohl an

einer der Zimmertüren klopfen und um Hilfe fragen. Aber wüsste man dann wirklich, was sich für Gestalten dort hinter verbergen? Man wüsste es nicht.
Beim Wiedereintritt ins Hotelzimmer bemerke ich einen bestimmten Geruch, der mir bisher noch aus jedem Hotelzimmer entgegengekommen ist. Für einen Menschen, der nur riechen könnte, wären alle Hotelzimmer dieser Welt gleich gut, ob sie dreißig oder dreihundert Euro pro Nacht kosten. Eigentlich wollte ich noch wegfahren, um etwas zu essen, aber ich sehe vom Bett aus dem Geschehen auf dem kleinen Fernseher zu und schlafe bald ein.
Der Schlaf ist unruhig, gegen vier Uhr morgens werde ich von einem Anruf geweckt, den ich aber nicht annehme, wahrscheinlich sind es sowieso nur betrunkene Freunde, die irgendetwas in den Hörer grölen. Am Morgen dann weckt mich mein Handy, der Ton kommt mir lauter vor als sonst, ich finde ihn noch ein klein wenig furchtbarer als normalerweise und drücke schnell die Schlummertaste. So geht es dann ein paar Mal, wahrscheinlich habe ich schon alle Nachbarn mit dem lauten Ton geweckt, bis ich jedes Mal die Taste gefunden habe. Irgendwann gibt die Weckfunktion dann auf. Ich träume noch viele wilde Sachen, aber vergesse sie blitzartig, als ich von einem Klopfen und dem Ruf »Housekeeping!« aufwache. Immer wieder Klopfen und der Ruf. Wahrscheinlich gehen sie so den Flur ab, aber möglicherweise stehen sie auch bei mir an der Tür und warten auf Antwort. Pochpoch. »Housekeeping!« Sie kommen. Bald sind sie da. Ich versuche mir schnell irgendetwas anzuziehen. Pochpoch. »Housekeeping!«
Dann klopft es an meiner Tür, ich weiß nicht, was ich sagen soll, eine Frau tritt ein, entschuldigt sich aufgeregt,

und schließt die Tür wieder. Ich finde meinen Kulturbeutel nicht, rege mich darüber auf, vergesse es dann aber wieder, als ich mich daran erinnere, dass mein Deutschlehrer in der sechsten Klasse sich einmal furchtbar über das Wort Kulturbeutel echauffiert hat: ob das denn alles sei, was man in Deutschland unter Kultur verstehe!
Ich will nicht noch länger hier drinbleiben, während die Housekeeping-Frauen draußen wahrscheinlich wie Raubtiere den Flur auf und ab laufen, bis ich endlich ihren Arbeitsbereich frei gemacht habe. Ich habe in einem kritischen Bericht des öffentlich-rechtlichen Fernsehens einmal gesehen, dass Zimmerfrauen einen erschreckend geringen Stundenlohn bekommen, weil man sie pro Zimmer bezahlt und eben nicht nach Arbeitszeit. Ich möchte nicht dafür verantwortlich sein, dass in Deutschland eine Schicht der »working poor« entsteht, ich will ja schon immer jeden grünen Briefausträger von seinem Fahrrad reißen und ihm die verzweifelte Frage ins Gesicht schreien, wie viel er verdient. Das Zähneputzen lasse ich also aus lohnpolitischen Gründen ausfallen, ich gehe einfach davon aus, dass man in Industriegebiethotels auch zum Frühstück gehen kann, ohne sich die Zähne geputzt zu haben.
Über dem Buffetregal steht: »Im Prinzip gehört das alles Ihnen«. Der Werbetexter der Hotelkette wird mir auch am Morgen nicht unsympathischer, noch schöner wäre nur gewesen: »Im Prinzip gehört das alles Ihnen, selbst wenn Sie sich nicht die Zähne geputzt haben.« Ich gucke mich verwirrt um, weil ich keine Teller sehen kann, bis mich eine Frau nach meinem Namen fragt, ihn auf einer Liste durchstreicht und mir ein kleines Tablett zeigt, das auf einem Tischchen steht. Ich bin etwas enttäuscht, weil

auch die Hocker hier im Bistro keine Rückenlehnen haben. Ich nehme mein kleines gelbes Tablettchen mit der Papierunterlage, lege Brot und ein Nussnougatcremepäckchen darauf und gieße mir Orangensaft ein. Im Fernseher läuft das Morgenmagazin. Ich vermute, die meisten Gäste sind schon abgereist, all die Opels und Skodas auf dem Hotelparkplatz sind jedenfalls weg.
Im Bistro sitzen noch ein kleiner Junge und ein Mann, der sich mit dem Kind unterhält. Womöglich ist es der Vater, der den Unterrechtssorgestreit verloren hat und jetzt sein Kind entführt und auf der Flucht ist vor Mutter und Polizei. Industriegebiethotels, doch keine Vertreterabsteigen, sondern Verstecke von kindsentführenden Vätern? Ich will mich nicht auf so eine gewagte These festlegen und ziehe meine Vermutung über Mann und Kind zurück. Das Kind holt dem Mann ein Brot mit der Brötchenzange, woraufhin der Mann sagt, um eben irgendwas Lobendes zu sagen: »Vielleicht kannst du später hier mal arbeiten im Service!« »Nein, bloß nicht! Jedenfalls nicht so lange wie der Mindestlohn für Industriegebiethotelpersonal nicht durchgesetzt wurde«, schreie ich daraufhin leider nicht. Ich versuche beim Nussnougatcremepäckchenverbrauch des Kindes mitzuhalten, aber mir ist schon schlecht. Lieber packe ich die Sachen zusammen.
Neben dem Eincheck-Automaten im Eingangsbereich hängt eine Weltkarte mit den Dependancen der Hotelkette, in Amerika, in Asien. Ich schwärme kurz in der Vorstellung, in jedem dieser vielen Hotels einmal eine Nacht zu verbringen, was für eine Reise, von Industriegebiet zu Industriegebiet.

Zwanzig Minuten im Bahnhof

Du hast noch zwanzig Minuten. Du schleppst deinen Ziehkoffer durch die Türen des Hauptbahnhofs, die immer geöffnet sind. Du blickst auf die Anzeigetafel, die früher ratterte und an der heute Photonen zeigen, wohin es geht, woher und mit welcher Verspätung. Du weißt, unter der Anzeigetafel liegt der Service Point, ein Häuschen im Bahnhof mit Service-Point-Menschen darin und Schlangen davor, in ihre Ordnung gegossen durch schwarze Absperrbänder. Mal sind sie kürzer, mal sind sie länger, weißt du. Du siehst die Überbleibsel, die Reste, die Ruinen eines Streiks. Ein Kamerateam baut seine Kamera ab und räumt die Ausrüstung zurück in die Ausrüstungskisten. Eine Gruppe junger Frauen und Männer in hässlichen Bahn-Pullovern schenkt Gratis-Kaffee aus dem Snackwagen aus und verdient dafür nicht viel mehr, als der Kaffee kostet. Du siehst einzelne Männer in Bahnuniformen, die noch umzingelt werden von Bahnkunden wie Popstars während der Autogrammstunde. Doch nichts ist wild, keiner aufgebracht, die Hysterie und das Chaos herrschen hier nicht. In der Schlange vor dem Service Point stehen sie friedlich und geduldig, denn ein Streik ist kein Sturm, einen Streik, von dem hat man vorher gehört. Ob der Sprinter fährt, hörst du den Bahnmitarbeiter lachend eine Kundenfrage wiederholen, ja, das sei eine gute Frage.

Nimm einmal an, dein Zug würde fahren. Du weißt, was du

noch brauchst, und du weißt, wo du es bekommst. Am Bahnhof. Jede Zugfahrt ist sinnvoll verschwendete Lebenszeit, ein Genuss an Nichtstun, doch muss sie vorbereitet werden, soll sie gelingen. Du weißt, dafür gibt es Bahnhöfe, zur Vorbereitung, denn sonst könnte man die Passagiere ja auch mitten auf der Strecke aus dem Zug werfen und andere aufspringen lassen.

Du hast noch neunzehn Minuten. Du musst zu den Zeitschriften, du musst dir Proviant besorgen und du brauchst etwas zum Aufschreiben, denn das hast du daheim liegenlassen. Du beschließt, die Dinge in umgekehrter Reihenfolge zu erledigen, denn selbst die Vorbereitung muss vorbereitet werden, dramaturgisch durchgeplant, auch die Vorfreude hat ihre Vorfreude verdient.

Du rollst vorbei an Anzeigetafel und Service Point, um die herum alle Bahnhöfe dieser Erde aufgebaut sind, auf die sie alle ausgerichtet sind als ihren Mittelpunkt, ihre Lobby, ihre Pförtnerloge, ihr Herzstück. Du ziehst vorbei an Geschäften, um die Orte zu suchen, an denen du bekommst, was du brauchst.

Es ist eine Sammelwanderung, ein Spiel, ein Rollenspiel, ein Life Action Role Play. Es gibt deine Bahnhofswelt und ihre Level und Passagen, je nachdem, welchen Bahnhof du dir ausgesucht hast, es gibt dich und es gibt deine Ausrüstung, deinen Tchibo-Ziehkoffer, deinen durchlöcherten Rucksack, es gibt deine Fähigkeiten, mit ihnen umzugehen, sie nicht kippen zu lassen, niemand anzustoßen, du wirst sie noch brauchen, und es gibt deine Items, die Dinge, die du brauchst, nach denen du auf der Jagd bist, die der Schlüssel zu deiner Zugfahrt sind. Der Bahnhof ist deine Spielwiese, alles könntest du hier spielen, Verstecken, Verfolgen, Schnitzeljagd,

Spion und Spionageabwehr, doch in deinem Spiel bist du der gute Sammler aus der Bahnhofsphantasiewelt.

Du rollst vorbei an den Läden, die du nicht brauchst, die dich behindern auf deinem Weg, die ein Dasein führen als Lückenfüller, als Textur, die der Programmierer einfügte, damit es etwas zu sehen gibt zwischen den Dingen, die du nutzen kannst: Pimkie und Douglas und Bodyshop und Nici und Nanu-Nana lässt du hinter dir und stürmst dafür den Minisupermarkt mit der eingeschränkten Auswahl und den hohen Preisen.

Du rollst deinen Ziehkoffer unter den mächtigen Metallstreben hindurch, die hier und da aufscheinen und das gewaltige Innere erahnen lassen, das den Bahnhof zusammenhält, mit Nieten groß wie Kinderfäuste. Aus ihnen dringt das Rattern und Brummen und Krachen, das den Bahnhof hin und wieder erschüttert und gleichzeitig zum Leben erweckt, er saugt die Kraft der Züge auf und lässt sie werken und schalten in seinem Bauch, bis er sie wieder abgibt in Form dieser Geräusche. Sein Bauch, das Unerkenntliche dahinter, verbirgt das eine oder andere Geheimnis, das wir nur erahnen können. Die Gepäckschließfachanlage, in die du deine Koffer stellst und welche sie dann verschluckt und befördert in ein unterirdisches Reich, wo möglicherweise Fabelwesen und Kobolde sie sortieren in großen Eichenholzschränken oder sie einlagern in düsteren Bergwerken, wo sie verrotten und vermodern. In der entgegengesetzten Richtung, nicht unten, sondern oben, eine komplett andere Welt: die DB-Lounge, welche dir nicht gestattet ist, zu betreten, möglicherweise fließen dort Milch und Honig und kabelloses Internet, süße Hörnchen werden dir auf Tabletts gereicht, die aus noch süßerem Hörnchenteig bestehen, und du lässt dich zurückfallen in Sessel aus feinstem Leder, du wirst es nicht erfahren. Und dann die an jedem Bahnhof zu findende, dicke Tür der Bahnhofspolizei, doch was dahinter lauert, das willst du nicht herausfinden.

Du kaufst deinen Reiseproviant, du kannst dich nicht entscheiden, doch die Zeit rinnt dir davon, noch fünfzehn Minuten, noch vierzehn Minuten, du nimmst dieses und jenes und noch etwas davon, du zahlst und verstaust die Dinge in deinem Gepäck. Es ist das gute Bahnhofsgefühl, alles, was man braucht, dabeizuhaben, in wenigen Taschen, am Körper. Der Reisemarkt am Bahnhof ist der tatsächliche Quell der Unabhängigkeit, von der Reisende immer schwärmen. Dass du deine Lieblingszwischenmahlzeiten in den Taschen hast, das macht das ganze Wohlgefühl aus. Du hast alles dabei. Nein, noch nicht alles, die Zeitschriften fehlen.

Du rollst vorbei an der Gepäckaufbewahrung und dem Fundbüro, wo du schon ein-, nein zweimal deinen Koffer wieder in den Händen halten konntest, nachdem du ihn verloren, vergessen hattest, achtlos stehen gelassen, aber sie brachten ihn dir wieder. Du rollst vorbei an den wenigen Sitzgelegenheiten, die in Bahnhöfen Platz bieten, müde Passagiere haben sich niedergelassen, einer schläft, und sein Kopf liegt auf seinem Ziehkoffer. Du rollst vorbei an den Toiletten, die man hier McClean nennt und in denen man für sieben Euro auch Duschen kann.

Du ziehst deinen Ziehkoffer durch den engen Zeitschriftenladen, zwischen den bedruckten Papierbergen hindurch, den Zeitschriften und Magazinen aus allen Ecken des Landes und des Erdenrundes, jedes Wort hier steht für einen Passagier, der in diesem Bahnhof weiterreist, und jedes Wort hier ist auch weitgereist, wird ausgetauscht, weitererzählt, kopiert, ver-

mehrt, dringt in die letzten Ecken, zu den entlegensten Gipfeln, noch im weitesten Nichts gibt es die Zeitung zu kaufen.
Du kannst dich wieder nicht entscheiden, du hast noch zehn Minuten, du hast noch neun Minuten, also nimmst du diese Zeitung und diese und dieses Magazin und zahlst bei dem jungen Mann vom Zeitschriftenladen, der dich einmal auf den lustigen Zusatzkommentar auf dem Titelbild des Satiremagazins hingewiesen hat, wofür du ihn gerne hast.
Du ziehst deinen Koffer Richtung Bahnsteig, vorbei am Snack Stop und dem Croback, in dem die füllige Bahnmitarbeiterin sich gerade den Mund abwischt. Die Snack-Stop-Verkäufer und der Brezelmann und die Zeitschriftenfrau, denkst du, sind auf geheimnisvolle Weise verknüpft mit dem Bahnhof, sie haben seine Hektik aufgenommen, sein niemals stillstehendes Getriebe hat ihre Gesichter zerfurcht, sie wurden assimiliert von den Stahlstreben und dem Ächzen und Rütteln, sie wuchsen fest in ihren Snack-Stop-Buden, aus denen kein Weg mehr herausführt, sie sind zu einem Teil des Bahnhofs geworden, verwachsen und verwunschen und vermutlich ohne Chance, ihm zu entkommen, Sklaven des Transits, bei denen du dein Hörnchen kaufst, bevor du tust, was sie nicht mehr können, diesen Ort verlassen. Darum hast du Mitleid mit ihnen, aber du beneidest sie auch ein wenig, weil sie Teil dieser großen Stahlmaschinerie sind, die pumpend und dampfend und arbeitend die Züge in die Nacht hinausschießt, den Pegasus-Citynachtzug nach Zürich, den Kopernikus-Nachtzug nach Prag, den Jan-Kiepura-Euronachtzug nach Warschau.
Du fährst hinauf mit deinem erbärmlichen Koffer und lässt die Snack-Stop-Arbeiter der Maschine hinter dir, du betrittst den Bahnsteig und triffst die letzten Vorbereitungen. Über dir

spannt sich das Bogendach auf, das am Horizont in einem Punkt zusammenläuft, wie die Welt vor der kopernikanischen Wende, nur dass an den Enden Werbeschriftzüge prangen in den größten Buchstaben, die man in dieser Stadt finden kann, Werbung für eine Sache, die mit der Bahnhofsstadt verbandelt und verbunden ist wie die Mitarbeiter mit dem Bahnhof, und schon als Kind wusstest du, dass diese Werbeschriftzüge in so hohen Buchstaben bedeuten, dass du in der Stadt bist, nicht mehr auf dem Land.
Du hast noch fünf Minuten, du hast noch vier Minuten, du wirfst einen Blick auf den Wagenstandsanzeiger, du kannst dich bereitmachen, du hast deine Zeitungen verstaut, du hast deinen Proviant eingepackt, du hast deine Schreibutensilien, es fehlt nur noch der Zug, und dann sieht du ihn kommen, in den Stahlstrebentunnel einfahren, der ihn gleich wieder ausspucken wird wie eine Startrampe ein interstellares Raumschiff.
Du findest deinen Wagen, du findest deine Tür und du stehst an, um eingelassen zu werden, denn du hast deine Eintrittskarten gelöst, deine Items gefunden, den Bahnhof überwunden, und jetzt kannst du endlich weg aus dieser dreckigen Stadt oder endlich wieder nach Hause, in deine dreckige Stadt.

Zug

Der Zug steht noch, aber das Rauschen der Motoren ist schon zu hören. Er klingt über den Bahnsteig, der Klang des Reisens. Hinter mir liegt die erste Klasse, über die ich nicht schreiben kann, weil ich nicht in sie hineindarf. Es riecht angenehm nach nichts und der Zug ist fast leer, noch. Hin und wieder steigt jemand ein. Auf dem Nebenplatz liegt die *Handelsblatt*-Ausgabe »Neues am Abend«, am Tisch gegenüber sitzt ein Mann mit Derrick-Brille, schwarzweiß-kariertem Sakko und Turnschuhen, ungefähr sechzig, und blättert in *DB mobil*, wie früher oder später jeder einmal in *DB mobil* blättern wird. Wer wirklich politische Veränderungen oder gar Umstürze in diesem Land forcieren will, der muss in *DB mobil* schreiben oder für die Tablettunterlagen in Fast-Food-Restaurants. Nichts wird jedenfalls häufiger gelesen. Schräg gegenüber vom Platz des Mannes sitzt eine Frau, vermutlich seine.

Gleich wird der Zug abfahren, durch die Dunkelheit rauschen. In der Dunkelheit zu fahren ist immer besser. Nur dann ist der Blick aus dem Zugfenster nämlich schön, tagsüber ist er eine Zumutung. Eine Zumutung der Langeweile. Irgendein von der Automobillobby bezahlter Architekt muss die langweiligsten Landschaften Deutschlands um die Bahnstrecken herum angelegt haben: Äcker, Felder und, nun ja, Äcker und Felder. Da können sie im öffentlich-rechtlichen Nachtprogramm noch so oft die schönsten Bahnstrecken Deutschlands senden: leugnen und die Augen verschließen wird die Lage nicht verbessern. An meinen Tisch kommen sächsischsprechende Frauen in Trekkingjacken, die sich nicht über einen Platz einig werden können im spärlich besetzten Zug. Schließlich setzt sich eine mir gegenüber und blättert im *Handelsblatt* und die andere auf den Platz dahinter, »dotten hin«, wie sie sagt. Der Schaffner legt Reisepläne aus. »Komm doch hierher«, sagt die erste Trekkingjackenfrau.

Ich beschließe zu gehen und breche auf, in Richtung Speisewagen, dem binnenmajuskelversehrten Bord-Bistro, ich komme vorbei an den Abteilen, in denen sich Geschäftsmänner mit iPod im Ohr eingesponnen haben, angesichts derer ich mir immer wieder die gleiche Frage stelle, nämlich welche Musik sie mit ihren iPods wohl hören (Anna Netrebko? Phil Collins?).

Im Bistro diskutieren zwei osteuropäische Frauen lautstark, aber auch nicht zu laut, also lehne ich mich an einem der Stehtische an die Wand. Andere Männer in Anzügen treffen sich an den Bistrotischen wieder und begrüßen sich mit routinierter Überraschung. Wie ich diese ganze Zugfahrt schätze, schätze ich ihr Herzstück, ihr Innerstes, den Speisewagen. Frankfurter Würstchen für zwei Euro siebzig plus extrabezahltes Brötchen habe ich hier schon an die hundertmal gegessen, umraucht von Vertretern, die das Bistro stürmen, sobald der Bistromann seinen Schutzrollladen hochgezogen hat.

Ich habe mir dabei immer folgende Szene eines Films, der noch gedreht werden muss, vorgestellt: Ein Mob von aufgebrachten, ausgezehrten Vertretern und Vertrieblermenschen rennt durch die Zugflure, Parolen grölend und Fäuste schwingend, quetscht sich durch die engen Türen Richtung BordBistro. Im Gegenschnitt sieht man zwei ängstliche Bahnmitarbeiter in ihren schicken Uniformen hinter der BordBistro-Theke, in der Nahaufnahme ist zu erkennen, wie Furcht und Panik sich in ihre Gesichter gräbt. »Schnell, lass den Rollladen runter«, brüllt dann der eine, worauf der andere einen der geheimen Knöpfe im Inneren des Bistroausschanks betätigt. Langsam knattert der Rollladen herunter, doch die Vertriebler und ihr Bierdurst kommen immer näher, gleich sind sie im Speisewagen, der Rollladen ist erst auf halber Höhe. Dann sieht man, wie von Produktpräsentationen gegerbte Hände unter dem Rollladen hindurchgreifen und die beiden Bahnmitarbeiter sich ängstlich in den Arm nehmen. Ich kann allerdings nicht mit genauer Sicherheit sagen, wie die Szene ausgehen wird und ob ein Happy End auf die tapferen Bahnmitarbeiter wartet.

Was ich allerdings mit Sicherheit sagen kann, ist, dass labbrige Frankfurter Würstchen für zwei Euro siebzig mich mit der Welt versöhnt haben. Ich habe sie nämlich einfach akzeptiert, bezahlt und war zufrieden. Vor kurzem musste ich feststellen, dass die Würstchen jetzt mehr kosten als zwei Euro siebzig. Vielleicht habe ich jetzt wieder gebrochen mit der Welt, ohne es zu wissen. Aber gut, ich bin jung, da muss man noch nicht mit der Welt versöhnt sein. Wenn man alt geworden ist, dann vielleicht schon, sonst stirbt man noch wie Kempowski und echauffiert sich im letzten Interview über Grass und Walser, wo man doch in seinem letzten Interview lieber wie Rudi Carrell sein sollte und davon erzählen, dass man noch einmal seinen Teich hat entschlammen lassen, damit man noch Tretboot fahren kann, unter der kleinen Brücke, bis es dann so weit ist. Das sind Dinge, über die man sich in BordBistros Gedanken macht.

Die Männer in den Anzügen unterhalten sich derweil über Trekkingausrüstung. Ich fühle mich wohl, wenn Männer in Anzügen um mich herumstehen. Am Tisch gegenüber hat sich ein Mann mit dunklem Gesicht gestellt, schwer atmend trinkt er seinen Kaffee.

Heute Mittag habe ich mich im Zug zum Beispiel gefragt, ob John Updike wohl gerade genauso traurig ist, weil er den Literaturnobelpreis schon wieder nicht bekommen hat, wie ich ob meiner Probleme, oder ob er weniger traurig ist oder gar noch trauriger. Anders traurig, meinte Nadja, der ich die Frage per Kurzmitteilung stellte. Nun ja, es hängt sicher auch vom Gemüt John Updikes ab, das ich nicht kenne.

Wenn man mich fragt, was bei all dieser Zuneigung zum Zug meine schlechtesten Momente zwischen zwei Führerständen gewesen seien, dann muss ich auf ein, zwei Zugfahrten verweisen, während derer ich es nicht lassen konnte, aus lauter Verzweifelung – und das macht die Verzweifelung ja aus: dass man es nicht lassen kann – die ganze Zeit über zu telefonieren, mit allen Tunnelgesprächabbrüchen und Furcht- und Schamgefühlen bezüglich der anderen Reisenden. Ich saß im Flur zwischen zwei Wagen, in der Ecke gekauert und redete in weinerlichem Ton vor mich hin, und die Tür zum Abteil schob sich immer wieder auf, wenn ich mich zu meinem weinerlichen Ton bewegte, weil es eine Lichtschrankentür war. Schließlich sagte einer der Anzugmenschen im Abteil hin-

ter der Tür zu mir »Schließen Sie doch die Tür, dann bleibt ihr Gespräch auch unter sich«, womit er sicher meinte »Schließen Sie doch bitte die Tür, ihr Elend geht mir auf die Nerven«, was er aber freundlicherweise nicht sagte. Seitdem jedoch zeige ich mich recht abstinent, was unangebrachtes Verhalten im Fernverkehr betrifft.
Ich suche mir zwei Wagen weiter einen Platz. Neben mir sehe ich ein Bein, das ein Mann hinter mir zu Entspannung in den Zugflur gelegt haben muss. Jemand sagte mir einmal, wenn ein Mensch aus Indien nach Deutschland komme, am meisten würde er sich wohl darüber wundern, dass in deutschen Zügen Sitzplätze reserviert werden. Dieser jemand sagte das anklagend, er hielt nichts von Reservierungen und als er das sagte, saß er auf dem Boden des ICE von Berlin nach Köln, eine Anmerkung, die weniger hämisch gemeint ist, als sie klingt, denn es machte ihm sicher nichts aus, auf dem Boden zu sitzen und von anderen Fahrgästen als zu übersteigendes Hindernis betrachtet zu werden. Er warte auf eine Frau mit Rock, ließ er wissen. Ich hingegen wartete auf keine Frau mit Rock, sondern bedauerte die armen Inder, welche angeblich die kulturelle Leistung und lebensbejahende Wirkung von Zugreservierungen nicht kennen sollten. Zugreservierungen sind so etwas wie die Eucharistie: Sie verwandeln nicht altes Brot in den Leib Christi, aber eine kaum einen Quadratmeter große Fläche mit Sitz in eine Art Zuhause. Das ist ganz wunderbar und sollte sich daher auch in Indien bald durchsetzen.
Die Spannung steigt, der Schaffner kommt. Es wird gewuselt und geraunt, Fahrscheine müssen aufgefunden

werden in tiefen Jackentaschen voller Kassenzettel, Tanzkursflyer und Hustenbonbonpapierchen.
Zu einer Fahrt mit einem Intercityexpress T mit Neigetechnik gibt es kaum eine Steigerung, möglicherweise noch die Fahrt in einem Nachtzug. Es wird viel Sudoku gemacht im Zug, aber auch das stört die Würde des Ortes nicht, wahre schöne Orte kann man eben durch nichts entstellen, selbst nicht durch Sudoku. Schön ist es, wenn zwischen den dezent und vornehm beleuchteten Holzverkleidungen Koffer mit Flughafenzettel stehen.
Im nächsten Wagen finden angeregte Diskussionen um den Vierertisch herum statt. Ich kann dem Gespräch nicht richtig folgen, obwohl ich mir Mühe gebe. Ein Tunnel kommt und meine Ohren gehen zu. Von irgendwo aus dem Großraumabteil (welch wunderbares Wort!) klingt das angenehme, beruhigende Geräusch von Notebookgetippe, ein sanftes Klacken, das einen in den großen Schlaf der Technik einlullt. Dann erklingt die Windows-Fanfare. Der Reisende am Notebook hat sein Werk vollendet. Vielleicht war es nur ein langweiliger Quartalsbericht, vielleicht war es ein Liebesbrief, vielleicht war es das Erstlingswerk eines jungen Autoren, der eines Tages den Nobelpreis dafür erhalten wird. Vielleicht lebt John Updike dann immer noch, aus purem Trotz und reiner Wut, und fragt sich, was er falsch gemacht hat. Sie sind zu wenig ICE gefahren, Herr Updike, könnte man ihm antworten. Aber wer würde sich anmaßen, einem Mann wie John Updike Vorschläge zu unterbreiten?
Am Vierertisch spricht man über Sylt und über Chaos und darüber, »was wirklich nicht sein muss«. Ich überlege, wovon ich denke, dass es »wirklich nicht sein muss«,

aber mir fällt gerade nichts ein, ich komme hier im Zug auf nichts, was »wirklich nicht sein muss«, nur die Formulierung »wirklich nicht sein müssen«, die finde ich überflüssig.
Ich bin wie hypnotisiert vom Schnattern und Rattern der Schienen und laufe weiter durch den Zug bis in das kleine, abgedunkelte Abteil direkt hinter dem Lokführerstand, man kann ihm durch eine abgedunkelte Glasscheibe zusehen. Wenn ich hinausblicke, sehe ich, wie die Strecke auf den Zug zurast.
Wenn ich hingegen an einem kleinen, kalten Bahnhof stehe und ein ICE fährt vorbei, mit seinen warm beleuchteten Fenstern, dann wünsche ich mich in ihn hinein. Wenn ich in der U-Bahn das Geräusch beim Schließen der Türen höre, das dem im ICE ähnelt, dann wünsche ich mich hinfort aus der Bahn, hinein in den richtigen Zug.

Flughafen

18.00 Uhr. Ich bin angekommen. Ich bin angekommen an dem schönsten Bahnhof der Republik. Das Erste, was ich tue: Ich überprüfe, bis wann die Züge mich wieder zurückbringen, ohne dass ich übernachten muss. Ich bin der Uhrzeit unangemessen müde, ich bin immer müde. Der Bahnhof besteht nur aus elliptischen, konvexen und konkaven Formen (ich kann konvex und konkav daher unterscheiden, dass jemand sagte, konvex reime sich auf Sex und davon werde der Bauch ebendies, zumindest manchmal). Im Reisezentrum mit den schrägen Glaswänden studiere ich die Fahrpläne, dann setze ich mich auf einen der aufgerissenen Ledersitze und warte. Am Notausgang stehen die Raucher und rauchen, zwischen gelben Baukränen, die sich in schwindelerregende Höhen hochschrauben, von ihnen aus wird der zu Füßen liegende Rohbau gespenstig flutlichternd beleuchtet. In der Oase-Bar gegenüber sitzen Menschen zwischen künstlichen Palmen und warten, wie ich – an diesem Bahnhof, der zugleich Flughafen ist.
Die Flugzeuganzeigetafel rattert zur Begrüßung der neuen Gäste, viel Gepäck wird umhergefahren: silberne Aluminiumtrolleys, braune Ziehkoffer, kleine Taschen auf Rädern. Manche ziehen zwei, drei Koffer, haben ihr Gepäck hoch aufgestapelt, Rucksäcke auf Sporttaschen, Sporttaschen auf Rucksäcken. Andere tragen nur eine Plastiktüte, Obdachlose, die in den Zwischenräumen des

Flughafens verkehren. Ich sehe lederne alte Schultaschen, kleine Taschen, die auf großen rollbaren Taschen gezogen werden, mit Gummiband zur Sicherung oder kunstvoll frei gestapelt, Bundeswehrsoldatensäcke und unternehmenseigene, logoapplizierte Businesskoffer: die meisten ziehen sie hinter sich her, manche schieben sie neben sich, die schmale Seite nach vorn, wie einen guten Freund. Ich kann Rucksäcke erkennen, die über Köpfe hinausragen, im Missverhältnis stehen zur Größe ihrer Besitzer wie die Schulranzen von Erstklässlern, mit wichtiger Miene fest im Handgelenk getragene Aktentaschen mit glänzenden Zahlenkombinationsschlössern. Manche fahren ihre Koffer vor sich her. Meist passt das Sicherungsband nicht zur Farbe des Gepäcks. Ein schwedisches Pärchen sitzt neben mir und schweigt, mit Kaffeebechern in den Händen.

Eine Frau bewacht ein ganzes Kofferset in einer knallroten Farbe, andere schieben ihre Kinder in Kinderwagen vor sich her, ich führe sie trotzdem an in dieser Aufzählung, denn Kinderwagen sind dem Koffer ähnlich. Wieder andere tragen gar nichts. Ich hätte gerne nichts mitgenommen, griff aber schließlich nach einem Rucksack. Ich reise nicht gerne mit Gepäck, es erscheint mir wie eine unnötige Annahme in einer Theorie zu sein, nicht falsch, aber unschön.

Der Reisende ist umso besser, je weniger Gepäck er mit sich herumträgt, je schlanker und einfacher er sich bewegt. Ganz geschwiegen habe ich bisher noch von all den Sonderformen des Gepäcks, die man an Flughäfen sehen kann: Künstlerinnen mit ihren großen Zeichenmappen, Musiker mit ihren Instrumentenkoffern, die nur raten lassen, welches Instrument sie wohl verbergen, Discjockeys mit ihren Plattenkoffern, dann Angel- und Golftaschen und vieles mehr. Die parallele Bewegung der Trolleys zum Körper, bemerke ich, scheint den Professionellen, den Piloten und Flugbegleitern vorbehalten zu sein.

*

19.00 Uhr. Die Sitzbereiche in der Abflughalle sind voll. Passagiere haben sich in den Liegesesseln niedergelassen und schauen nun merkwürdig drein, eingesackt und den anderen Sitzenden ihre Füße entgegenstreckend. Eine Frau im Hosenanzug ist in dieser Position eingeschlafen, ihre Hände hat sie beschützend auf ihre Handtasche gelegt, ihr Kinn auf ihre Schulter. Manche Reisende müssen sich aufhelfen lassen, wenn sie sich wieder erheben wollen, sicher auch der grobschlächtige Mann, der in seiner Liegeposition zur Seite gerutscht ist und misstrauisch seinen dicken Kopf hin- und herdreht. Manche haben es sich gut eingerichtet, baumeln mit den Füßen oder legen sie auf ihrer Reisetasche ab. Die Liegeplätze sind alle belegt, obwohl die meisten der Beleger nicht aussehen, als würden sie ihre Sitz- oder viel mehr Liegeposition genießen, die für Schwimmbäder angemessen sein mag, aber für andere öffentliche Orte doch ungewohnt.
Aber, so ist er eben, der deutsche Passagier, er nimmt mit, was er kriegen kann, wenn es umsonst ist, egal ob es ihm gefällt oder nicht. Eine Betrachtung, die natürlich zurückzuweisen ist, weil es unwahrscheinlich ist, dass hier in der Abflughalle eines internationalen Flughafens nur Deutsche mit verkniffenem Gesicht aus ihren Liegesesseln lugen.

Die Frau im Hosenanzug ist jedenfalls aufgewacht und telefoniert, während andere ihre Schuhe ausziehen oder vor dem Hinsetzen die Sitzfläche mit einem Taschentuch säubern. Im Take-off-Bistro gibt es ein Relax-Menü, das seinen Namen von einem Coca-Cola-Nackenkissen hat, das als Dreingabe gereicht wird. Die Hosenanzugsfrau liest ein Buch mit schrecklichem Cover, der grobschlächtige Mann möchte seine Position verändern und bringt dabei die ganze Sitzreihe der Liegenden zum Erbeben. Am häuslichsten eingerichtet ist eine Dame in Trekkingkleidung, deren Wanderschuhe unter einer Zeitung hervorschauen, die sie mit ins Gesicht gezogener Kappe liest; neben ihr stapeln sich mehrere andere gelesene Zeitungen, Pappbecher, Plastikflaschen.

Die einen verzehren umständlich einen Apfel, andere haben vor Müdigkeit den Kopf in die Hand gestützt, die Kapuze zur Gemütlichkeit über den Kopf gezogen. Ihre Hand liegt auf der Stirn, in ihrem Schritt oder auf der Ablagefläche neben ihrem Sitz, wo sie bereits einen Becher umgeworfen hat, vermutlich ohne dass ihr Besitzer dabei aufgewacht wäre. Die Passagiere haben ihre Köpfe dicht an die Schulter ihrer Partner gelegt (eine neutrale Formulierung, die nur der Political Correctness und dem Satzbau geschuldet ist: natürlich haben nur Damen ihre Köpfe an die Schultern der Herren gelegt), oder sie haben sie nach unten gebeugt mit Blick in den Schoß, in entmutigter Körperhaltung, sie haben sich gar in embryonaler Position eingewickelt in den Liegesesseln. Ja, eine ältere Dame liegt dort, die Glieder wärmend an den Leib gezogen. Kinder haben ihre Beine angewinkelt und die Füße auf der Sitzfläche abgestellt, und sie alle lassen sich aus ihren Posen nicht vom Mülleinsammelmann des Flughafens in seiner türkisen Flughafenuniform aufschrecken. Er will auch gar niemanden wecken. Die Dame, die den Kopf an der Schulter des Herren hatte, und der Herr (beide eigentlich zu jung, um sie als Dame und Herr zu beschreiben) küssen sich innig. Ich hoffe, sie fliegen zusammen weg.

Was mir auffällt: Der Flughafen ist ein Ort, der mit größtem Willen die Klassengesellschaft anstrebt. Ein undurchsichtiges Gewusel von Priority Check-Ins, First Class Lounges und ähnliches mehr kann kaum dem Zweck der zuvorkommenden Behandlung welcher Passagiergruppe auch immer dienen, da jeder den Überblick verlieren muss angesichts all der Upgrade-Möglichkeiten. Es scheint sich dabei viel mehr um ein einziges großes Menetekel an den Passagier zu handeln: Irgendjemand ist besser als du!

*

20.00 Uhr. Am Information Desk steht eine Flughafenmitarbeiterin neben einer gebrechlichen alten Frau im Rollstuhl. Es ist für einen Außenstehenden nicht ganz zu entscheiden, ob die Flughafenmitarbeiterin die Frau im Rollstuhl gerade gefunden hat oder sie von vornherein damit beauftragt wurde, auf sie aufzupassen. Gerade spricht sie mit ihrer Kollegin hinter dem Information Desk und wendet sich dann zu der Dame im Rollstuhl: »Do you speak another language? Or only Ungarn?« Die Dame antwortet nicht, sondern guckt nur, wie alte Frauen im Rollstuhl eben gucken. »Hungary heißt das«, weiß die Kollegin. »Only Hungary?« Die ältere Dame nickt erfreut und sagt »Hungary«. »Maybe Russia?« Die ältere Dame schweigt wieder. »Only Hungary«, sagt die Begleitung noch einmal zu sich selbst, wie zur Bestätigung. Sie und ihre Kollegin lassen sich das Ticket der Frau zeigen, um zu wissen, wohin sie verbracht werden muss. Ticket versteht die Dame. »Na, das werden wir schon schaffen!«

Sehr gern wäre ich eingesprungen und hätte gerufen, dass ich wohl des Ungarischen mächtig bin und mir es eine Freude wäre, zu übersetzen, aber ich bin nicht des Ungarischen mächtig. Ich weiß das ein oder andere darüber, dass es zum Beispiel eine Fokus-Position besitzt und nicht mit den indogermanischen Sprachen verwandt ist, aber wie für die Wissenschaften symptomatisch ist der Graben zwischen Theorie und Praxis tief und breit; und die Information, welche Fokusmerkmale im Ungarischen an welcher Stelle überprüft werden, hätte weder der Begleiterin noch der älteren Dame im Rollstuhl weitergeholfen und erst recht nicht mich zum Retter der Situation gemacht.

Im Nachhinein finde ich es merkwürdig, dass ältere Damen in Rollstühlen ohne irgendwelche Fremdsprachenkenntnisse überhaupt alleine auf Reisen geschickt werden. Andererseits schien mir es im naiven Hineindenken kein uninteressantes Gefühl, im hohen Alter und Rollstuhl über die Flughäfen Europas geschoben zu werden. Ich weiß natürlich nicht, wie die ältere Dame das sieht, aber ich hätte sie natürlich auch nicht fragen können, denn ich spreche ja, wie gesagt, leider kein Ungarisch.

An einem anderen Information Desk stelle ich die sehr provinzielle Frage, ob der Flughafen die ganze Nacht geöffnet sei, welche von der Dame hinter dem Desk etwas abwesend bejaht wird, während sie weiter auf der Computermaus herumklickt.

*

21.00 Uhr. Mich hat es in die Tiefen des Flughafens verschlagen, nachdem ich einen langen, einsamen Gang durchwandert bin, in dem umgebaut wird, zwischen Plastikplanen und unter herunterhängenden Kabeln hindurch musste ich wandern, stieß dann auf den scheinbar unendlichen Tunnel quer zum Parkhaus, dort nahm ich eine Abzweigung und jetzt bin ich im »Schwarzwald Stübchen«, mit Leerzeichen mitten im Wort, einsam und alleine taucht es da auf, wo es nicht hingehört.
Ich bin den an gutbürgerliche Gasthäuser angelehnten Funktionsrestaurants geradezu verfallen, die man immer wieder in Flughäfen oder an Autobahnraststätten findet, der künstlichen Atmosphäre, die keine großen Anstalten macht, ihre Künstlichkeit zu verbergen. Im Speiseraum erklingen unterschiedliche Sprachen, ich kann sie nicht zuordnen, es ist jedenfalls gut gefüllt, das »Schwarzwald Stübchen«. Ich muss drei große Bier trinken, weil ich nur fünf Euro habe und erst ab zehn Euro mit der EC-Karte zahlen kann. Das Bier durchnässt die dünnen Seiten des dicken Buches, das ich bei mir trage.
Die Toiletten des »Schwarzwald Stübchens« befinden sich außerhalb, man muss den langen Gang quer zum Parkhaus beschreiten, in dem alles, auch man selbst, in grünliches Licht getaucht wird. Die Toiletten selbst sind wiederum sehr schön.
Es wäre lohnenswert, hier die Speisekarte des »Schwarz-

wald Stübchens« wiederzugeben, doch leider habe ich versäumt, sie abzuschreiben. Von meinem Platz aus kann ich die Küche einsehen, wo dunkelhäutiges Personal zugange ist, vielleicht von den Philippinen. In den Gesprächen, die ich nicht verstehe, taucht zwischendurch deutlich und mehrmals der Name Thurn und Taxis auf.

Ab und zu schneit ein Rollfeldmitarbeiter hinein in seinem neonfarbenen Kostüm und bestellt ein Pils, müde vom Einwinken der großen Flugzeuge, hoffentlich, und nicht etwa sich in Laune trinkend für die beginnende Schicht.

*

22.00 Uhr. In den Abflughallen ist es weit leerer als vorhin. Ein beachtlicher Teil ist abgesperrt worden, weil Arbeiten an den hohen Decken durchgeführt werden. Die Arbeiter stehen um ihre Teleskopkräne herum und besprechen, was zu tun sei in dieser Nacht. Die Rcihen der auf den Wartesitzen sitzend Wartenden haben sich gelichtet. Vieles in der Halle steht bereits zusammengeräumt und aufgekehrt, die Rahmen zur Abmessung der maximalen Handgepäckgröße sind beiseitegeschoben, die Stoppschilder und Bänder zur Formierung der Menschenwarteschlangen aus dem Weg geräumt. Gepäckwagen stehen ineinandergefahren in langen Reihen. Die erste Dame unter den Wartenden hat sich zum Schlafen bereits ein Handtuch über das Gesicht gelegt.

Es kommen einem jetzt viele Männer und Frauen in neongelben Westen und Feierabendlaune entgegen. Mit dem führerlosen, automatischen Zug fahre ich hinüber ins andere Terminal. Auf dem Rollfeld wartet noch die ein oder andere Maschine auf ihr nächtliches Abheben. Der Flughafen hat sich noch nicht ganz schlafen gelegt.

*

23.00 Uhr. Im zweiten Terminal muss sich die Müdigkeit schon weiter ausgebreitet haben. Wer noch da ist, hat sich meist schon einen Schlafplatz auf den harten Holzbänken gesichert. Bei McDonalds sind schon einige Stühle hochgestellt, das große Bällebad in der Form eines Mondlandefahrzeugs, in dem sonst große Haufen von Kindern toben und schreien, ist leer. An der Kasse steht vor mir ein älterer Herr aus Wien, der sich erkundigt, ob es den Chicken Burger auch ohne Brötchen gebe. Auf den Plätzen mit Sicht auf das Rollfeld sitzt keiner, sonst stehen sich die Menschen hier die Beine in den Bauch oder schlagen sich ihn zumindest voll.
Ich setze mich alleine an einen der zahlreichen Tische, ein seltsames Bild muss das sein, ich würde gerne ein Foto von mir machen. Aber wie? Ich bin ja allein. Irgendwann gesellt sich doch noch eine Gruppe von Reisenden zu mir, sie schwärmen vom Flughafen, vier oder fünf Flugzeuge kämen hier an, in der Minute, wie sie betonen, in der Minute. Dann wechseln sie schlagartig das Thema und beschweren sich über die Fast-Food-Kette, deren Mahlzeiten sie gerade vertilgen, erklären umständlich, wie selten sie doch dort essen und wie wenig es ihnen schmeckt. Draußen sieht man ab und zu ein paar blinkende Lichter, die vom Himmel Richtung Landebahn steuern. Es sieht

so einfach aus, so gleichmäßig, wie Glühwürmchen in der Luft gehalten von irgendeinem unsichtbaren Zauber. In militärischer Reihe beleuchten die Flutlichter die Landebahn. Meine Mutter ruft an, und ich muss ihr erklären, warum ich die Nacht am Flughafen verbringe. Als mein Mobiltelefon piepst, habe ich das Gefühl, man höre das Geräusch durch das gesamte Terminal. Ich breche auf, auf der Tablettablage liegen die Dinge, die übrig geblieben sind vom Tag: ein Taschenbuchroman (vielleicht ausgelesen im Flugzeug und nicht des Aufhebens würdig empfunden) und eine Schachtel Pralinen (vielleicht ein Begrüßungsgeschenk, das Ergebnis langen, verzweifelten Überlegens war, was man zur Begrüßung schenken könnte, bis man sich schließlich doch, um nichts falsch zu machen, für diesen Klassiker entschied, der letztendlich vom Beschenkten, sei's aus Unachtsamkeit, sei's aus böser Absicht, hier liegengelassen wurde).
Ein Kind spielt jetzt ganz allein im großen Bällebad, verliert aber schnell die Lust. Stühle und Schalter in der Check-In-Halle stehen verlassen, die Computer sind im Ruhezustand. Vor dem Büro des Terminal Managers on Duty sprechen zwei Mitarbeiter noch einmal den ereignisreichen Tag durch, ein anderer schwingt sich auf ein Fahrrad und radelt durch die Halle, Richtung Ausgang und Feierabend. Ich fahre mit der führerlosen Bahn zurück und zähle noch eins, zwei, drei, vier, fünf, sechs Flugzeuge auf dem Teil des Rollfelds, den ich einsehen kann. Aber wer weiß, ob die heute noch abheben, vielleicht wurden sie hier nur abgestellt, um die Nacht zu verbringen. Ich sehe auf die Uhr, vor fünf Minuten ist mein letzter Zug nach Hause abgefahren.

Drüben im ersten Terminal sind die Gänge jetzt belegt mit Schlafenden, die sich über Dreier- oder Vierersitzreihen gelegt haben, es sieht aus wie in überfüllten Krankenhäusern, in denen man die Patienten auf den Flur geschoben hat, bloß dass die Menschen sich hier Jacken über das Gesicht gelegt haben, was im Krankenhaus niemand tun würde, solange die Patienten noch leben. Vermutlich muss man sich hier früh um einen guten Schlafplatz kümmern, und die routinierten Flughafenschläfer wissen natürlich darum. Für mich werden dann nur die harten Holzbänke übrig bleiben. Eine türkisfarbene Reinigungskraft wischt Schalter und unterhält sich mit einem türkisfarbenen Mann in einem türkisfarbenen Elektroauto, auf dessen Ladefläche sich die Müllsäcke stapeln. Ein Stockwerk tiefer inspiziert eine gut gekleidete Frau mit jeder Menge Plastiktüten unter dem Arm die Mülleimer, Arbeiter tauchen auf mit Leitern und Teppichen unter dem Arm, die Anzeigetafel, die ankommende Flugzeuge anzeigen soll, zeigt nichts mehr an. Der flache, breite Wasserstrahl des rotmarmornen Wandbrunnens plätschert ungerührt weiter, beruhigend, sanft, als sei noch jemand da. Ein türkisfarbener Putzmann treibt mich fort, aber es zieht hier unten sowieso.

*

0.00 Uhr. Die Liegesessel sind natürlich alle besetzt oder zumindest durch auf ihnen liegenden Taschen als reserviert gekennzeichnet, ich muss mit einem einfachen Sitz vorliebnehmen. Schlafen kann ich dort nicht, ich werde später versuchen, etwas anderes, Bequemeres zu finden.

Wieso richtet man in Flughäfen und Universitäten eigentlich keine öffentlichen Schlafräume ein? Ich widme mich vorerst wieder meinem Buch.
Es herrscht angenehme Ruhe, ein wenig Frustration liegt in der Luft (wer schläft schon gern am Flughafen?), gemischt mit Jugendherbergsstimmung und dem Gefühl, das sich auf langen Partys am frühen Morgen einstellt. Doch kein Wunder, Transit ist im Grunde ja nichts anderes als eine lange Party. Ich höre, wie Möbel gerückt werden, der Flughafen hat vielleicht seinen eigenen Hausgeist, der nun ansetzt zu poltern. Mir ist warm, ich öffne einen Knopf meines Hemdes, meine Augen sind schwer, aber ich bleibe trotzdem in Lauerstellung, falls einer der Liegesessel frei wird. Immer wenn sich die junge Frau neben mir bewegt, wackelt die ganze Bankreihe, immer wenn sich irgendeiner von uns bewegt, wackelt die Reihe, wir sind also ein Abhängigkeitsverhältnis eingegangen, eine symbiotische, fast schon intime Beziehung, als lägen wir zu zweit in einem viel zu engen Bett und keiner wollte den anderen wecken. Ein Mann schnarcht laut. Manchmal redet er auch. Ich finde diejenigen, die auf den Liegeplätzen wach sind und lesen, sollten sie abgeben an diejenigen die auf den Sitzplätzen sich verrenkend versuchen einzuschlafen. Aber es ist zu spät, und ich bin zu müde, um eine Revolte anzuzetteln und die Umverteilung der Liegesesselbesitztümer auszurufen.
Manchmal wackelt der schnarchende, redende Mann sehr stark in seinem Sessel, und seine Nachbarn wippen gezwungenermaßen mit seinen Bewegungen mit. Meine Nachbarin ist eingeschlafen, ich versuche ruckartige Bewegungen zu vermeiden, um sie nicht zu wecken. Ich

halte es der Situation für angemessen, mein Mobiltelefon in lautlosen Zustand zu versetzen. Ich betrachte die Liegesessel genauer: Sie sind in der Art von Fernsehsesseln, mit aufrechter Rückenlehne, aber mit der Möglichkeit, seine Füße aufzulegen; zwischen den Sesseln jeweils ein (wie die Liegen selbst) fest montiertes Tischchen, das zwei Nachbarn sich teilen.

Hinter mir wartet ein Ehepaar auf einen der wenigen Flüge, die in der Nacht starten. Der Mann hört Diskman und informiert seine Frau lautstark, dass die CD von Norah Jones nicht klappt. Dann hört er Michelle oder irgendeine andere Schlagersängerin, jedenfalls so laut, dass alle Umhersitzenden ebenfalls in den Genuss kommen, trotz Ermahnungen seiner Frau, die Musik leiser zu stellen.

*

1.00 Uhr. Mein Symbiosemädchen (ich konnte nicht viel von ihr sehen, sie war wohl asiatischen Aussehens, trug modische Stiefel mit Fellbesatz und, was mir auffiel, enge Damenlederhandschuhe) hat sich weggesetzt und schläft woanders. Ich hoffe nicht, dass es daran lag, dass ich zu viel gewackelt habe. Vielleicht ist der im Schlaf sprechende Mann schuld, ich verstehe nun auch, was er sagt: »Obdachlosenzeitung, jemand 'ne Obdachlosenzeitung? Auch für Sesshafte!«

Im Abflugbereich ist immer noch keine Ruhe eingekehrt, immer noch laufen Menschen hin und her, Angestellte in türkisfarbenen Overalls sind mit der Säuberung beschäftigt, selbst im Schlafbereich herrscht ein ständiges Gewusel und niemand ruht hier so ganz. Trotzdem ist es eigentlich erstaunlich, dass so etwas überhaupt existiert, ein Bereich inmitten der Öffentlichkeit, in dem etwas so Privates, fast Intimes, wie Schlaf vollzogen wird – vom Aufsichtspersonal geduldet, das Schlafen an jedem anderen öffentlichen Ort in Deutschland mit schneller Hand zu beenden wüsste. Doch hier wird es gestattet, man legt sich zur Ruhe in einem Schlupfloch des Regelwerks, Schlaf gehört am Flughafen zur Folklore, es gibt ein Gewohnheitsrecht darauf, das keiner sich traut einzuschränken.

*

2.00 Uhr. Ich habe mich von meinem Schlaflager, das mich schlaflos ließ, erhoben, weil einige Hektik entstanden war in der Abflughalle, es geschieht irgendetwas, mitten in der Nacht. Die Nachtpassagiere für den Flug nach Teneriffa kommen an. Wer fliegt bloß nachts um zwei nach Teneriffa? Ich kenne die Antwort jetzt, Männer und Frauen in bunten Anoraks, mit Kindern, sie stehen in langen Schlangen um die leeren Abfertigungsschalter herum, sie tragen hässliche Sporttaschen unter dem Arm und alte Turnschuhe, manche Strohhüte auf dem Kopf, und sie regen sich auf, dass sie nachts um zwei in einer langen Schlange stehen müssen für einen Flug nach Teneriffa. Sie stammen aus allen Schichten der Alterspyramide, junge Frauen mit den Gesichtern von Arzthelferinnen sind darunter ebenso wie stark blondierte Rentnerinnen, doch allen steht eine Müdigkeit ins Gesicht geschrieben, von der ich nicht genau zu sagen vermag, ob sie von der nächtlichen Fahrt zum Flughafen herrührt oder allgemeiner, grundlegender Natur ist und in ihren Gesichtern schon länger wohnt.

Lustlos schleifen sie ihre Taschen hinter sich her, zu müde sie noch weiter zu tragen. Sie werden vielleicht zueinander sagen »Na, der Urlaub geht ja gut los«, doch am Schluss, bei ihrer Ankunft, einen Stock tiefer, wahrscheinlich ebenfalls mitten in der Nacht, resümieren, dass es doch ganz schön gewesen sei mal wieder, und sich in dieser Meinung dann gegenseitig bestätigen.
Grummelnd schlängelt sie sich jetzt durch den Flughafen, diese Schlange, dieser Geisterzug aus mit ihrer Mittelmäßigkeit mehr als Zufriedenen, die man nachts zusammengetrommelt hat, um sie auf das karge Teneriffa zu verfrachten (aber Hauptsache, ja: Meer! Hauptsache: Strand nicht so weit weg vom Hotel und mit Sand und nicht aus Kieseln! Hauptsache: Sonne!). Ich weiß, dass es unangemessen ist, die Mitglieder dieser nächtlichen Parade zu belächeln oder gar zu verachten, aber ich bin zu müde, um mich in jeder Sekunde an dieses Wissen zu erinnern.
»Auch Condor?«, spricht mich ein Mann in rotem Dienstjackett an, ich erschrecke und murmele eingeschüchtert irgendetwas und laufe weg, zu einer weiter entfernt stehenden Sitzgelegenheit. Zu mir auf die Bank setzt sich eine Frau aus der Schlange mit ihrem Kind auf dem Arm. Ich kann beim besten Willen nicht sagen, wer von beiden müder dreinschaut. Mein Gott, denke ich, was soll das Kind denn nachts um zwei am Flughafen, und, mein Gott, denke ich, was soll das Kind denn bloß auf Teneriffa. So möchte ich meine Ferien jedenfalls nicht beginnen.
Die Gepäckmänner werfen die Golftaschen der Nachtflieger noch etwas unvorsichtiger durch die Gegend, als

sie es tagsüber tun, Taschen fallen hinunter und werden über den Boden geschleift. Bis eben hatte ich noch ein gewisses Mitgefühl für diejenigen, die zu solch einer unchristlichen Stunde in den Urlaub aufbrechen müssen, weil sie sich es anders nicht leisten können oder wollen. Jetzt aber betrachte ich es als Privileg, eine Arzthelferin auf dem Weg nach Teneriffa zu sein, denn wirkliches Mitgefühl haben doch diejenigen verdient, die nachts die Golftaschen der anderen in die Flugzeuge schleppen müssen.

Der Flug ist auf der Anzeigetafel für drei Uhr angeschlagen, eine Stunde lang müssen die Passagiere also noch ausharren hier und im Transitbereich. Außer nach Teneriffa gibt es nur einen weiteren Flug in dieser Nacht, in eine Stadt, von der ich noch nie gehört habe.

Ich gehe raus an die frische Luft, wo die Raucher stehen. Ein Flughafenmitarbeiter auf dem Heimweg löscht gerade ein kleines Feuer im Mülleimer mit seiner Wasserflasche. Ich denke an den Mann mit dem Diskman. Diskman und Teneriffa, diese beiden Worte müssen ein geheimes Band zueinander haben, eine mysteriöse Verbindung, die sich dem Unkundigen nur nachts um zwei an Flughäfen offenbart.

Ich habe das Glück und finde einen freien Liegesessel, allerdings in der Reihe, in der auch der Verrückte liegt, der im Schlaf redet. Der Trubel hat abgenommen, es kehrt wieder ein wenig Ruhe ein, so viel Ruhe wie an einem Flughafen eben einkehren kann.

*

3.00 Uhr. Ich versuche zu schlafen, es funktioniert aber nicht. Ich lege mir sogar meine Jacke über das Gesicht, was mir normalerweise höchst unangenehm wäre. Später, als mir zu warm wird, ziehe ich sogar nur die Kapuze der Jacke verkehrt herum über meinen Kopf, was noch alberner aussehen muss. Es hilft aber alles Alberne auf der Welt nichts, ich finde nicht die richtige Position zum Einschlafen. Ich kann überhaupt schlecht schlafen, wenn ich nicht allein in einem Zimmer bin.
Hinter mir redet eine Mutter ihrem Kind gut zu. Wenigstens bin ich nicht der Einzige, so scheint es, der es versucht, aber nicht schlafen kann. Ich bewege mich hin und her, probiere jede denkbare Position durch, aber immer zwickt irgendetwas oder kneift und drückt. Die regelmäßigen Rauchverbotsdurchsagen tun ihr Übriges, um mich um den Schlaf zu bringen. Ich bewundere die Menschen, welche über die innere Ruhe verfügen, ohne weitere Schwierigkeiten einzuschlafen. Sie müssen wahre Meister der Selbstkontrolle sein, Könige des Flughafens, kosmopolite Überallschläfer, gut ausgerüstet mit Schlafbrille und Nackenkissen oder einfach ausgestattet mit einem unempfindlichen Gemüt.
Ich ärgere mich, dass ich gestern Abend nicht das Relax-Menü bestellt habe.

*

4.00 Uhr. Ich habe das Gefühl, es wird allmählich wieder lauter, obwohl es natürlich die ganze Nacht keinen einzigen Moment ganz leise war. Man hört jetzt wieder öfter die Elektroautos herumkurven. Ich kapituliere und beende meine Schlafversuche, was andererseits bedeutet, dass ich den Kampf gegen die Müdigkeit wieder aufnehme. Ich rede mir selbst ein, dass auch versuchtes Schlafen, das bloße Herumliegen und Ruhen, eine erholsame Wirkung haben muss.

Dann wandere ich durch die Gegend, durch den Gang mit den teuren Geschäften und der großen Weihnachtsdekoration. In der Mitte des Ganges erscheinen mir zwei posaunende Engel, ich glaube zuerst an ein Wunder oder eine der Müdigkeit geschuldete Halluzination, dann stellen sich die Engel als ebenfalls zur Weihnachtsdekoration gehörig heraus. Aber wie gewaltig hingen sie über mir, größer als ein Mensch, in gleißendem Licht, mit verkniffenen Augen habe ich nach oben geblickt, ich hätte mich nicht gewundert, wenn sie mir mit Hall in der Stimme befohlen hätten, Frankreich vor seinen Feinden zu beschützen, ich war kurz davor, mich auf die Knie zu werfen und auszurufen: Gnädig, gnädig seid mit mir, ich bin doch so müde! Es war wahrlich eine Art Epiphanie, wie man so sagt, die mir hier widerfuhr zwischen Strenesse und Häagen-Dasz.

Am anderen Ende des verlassenen Boulevards knien Männer auf dem Boden und kleben Weihnachtssterne auf. An den Sicherheitskontrollen treffen sich die ersten Frauen der Frühschicht zum Tratsch, die neongelben Männer kommen zurück, die Putzmaschinen fahren zum Morgenputz umher, lange Züge von Gepäckkarren werden in die Abflughalle gerollt. Der Flughafen erwacht gleich mir aus einem Schlaf, den er nie hatte.

*

5.00 Uhr. Ich versuche, meine Müdigkeit mit morgendlicher Aufbruchsstimmung zu übertünchen, gebe mein letztes Geld aus für Zeitung, Earl Grey und Croissant. So leicht lässt sich auch der Flughafen nicht wecken, noch blickt er müde, dreht sich noch einmal um, drückt auf die Schlummertaste am Wecker.
Der erste Flug des Morgens geht erst um 6.30 Uhr. Doch trudeln immerhin die ersten Mitarbeiter ein, asiatische Flugbegleiterinnen in fliederfarbenen Kostümen, Bundespolizisten mit stolz geschwellter Brust in ihren modischen neuen Uniformen. Auch das »Schwarzwald Stübchen« hat schon auf, nein, hat immer noch auf, denn die Beschilderung weist es als eines der 24-Stunden-Restaurants des Flughafens aus. An einem Waschbecken spritze ich mir Wasser ins Gesicht, reibe mir den nicht gehabten Schlaf aus den Augen, denn ich will nicht hintenanstehen, wenn es darum geht, dass der Flughafen erwacht.
Alles streckt und reckt sich jetzt, im Ankunftsbereich ist schon reger Betrieb, Peking, Ho-Chi-Minh-Stadt, Bangkok, Jakarta, alle landen sie bald. Es kommt das erste Mal so etwas wie Hektik auf, so etwas wie Gedränge entsteht. Auch mein Zug fährt.

Waschsalon

Die Miele Professional 5400er Serie ist wahrlich unzerstörbar. Die Kästen, in Blechweiß und Blechanthrazit, müssen hundert, zweihundert Jahre alt sein. Oder wenigstens zehn, zwanzig. Auf überflüssige Extras haben die Designer verzichtet. Es gibt einen gelben Knopf, einen schwarzen und einen grünen, eine LED-Anzeige für die Minuten, die es noch dauert, und einen Plastikdrehknopf für das Waschprogramm, wobei der Plastikdrehknopf die einzige Funktionseinheit der ansonsten unverwüstlichen Waschmaschine ist, die mit den Jahren Verschleißerscheinungen zeigt: Er lockert sich-und beim Einstellen des Waschprogramms ist nicht mehr ganz klar, ob man nun mit vierzig oder dreißig Grad wäscht. Das ist aber durchaus eine verzeihliche Schwachstelle. Wer würde einen Gebrauchtwagen nicht kaufen, weil dessen Tacho nicht mehr genau anzeigt, ob man gerade hundertfünfzig oder hundertsechzig Kilometer pro Stunde fährt? Niemand, solange doch sichergestellt ist, dass der Wagen die hundertsechzig überhaupt noch schafft.

Und die hundertsechzig schafft, übertragen gesprochen, die 5400er Serie mit Leichtigkeit. Sie wurde für den Einsatz am Limit konstruiert, für die harten Anforderungen des Alltags. Sie ist der Lastenträger, die Unverwüstliche, der Unimog, die Sojuskapsel, der Franz Müntefering unter den Waschmaschinen. Sie wird dort eingesetzt, wo an-

dere Maschinen mit ihren energiesparenden Firlefanzeinstellungen die Fahnen streichen, das Trommeln einstellen, das Pumpen aufgeben: im Waschsalon.
Im Waschsalon herrscht nämlich Krieg, darüber können auch all die von der Waschsalonlobby lancierten Romantisierungen nicht hinwegtäuschen. Aber die Miele Professional 5400er Serie steht ihren Mann. Sie lässt sich nicht bestechen, immer zeigt sie die Restzeit, minutengenau, sie lässt sich nicht einschüchtern, weder von Tritten noch von Schlägen. Sie dreht weiter ihre Runden, sie hat das alles doch schon gesehen, sie ist doch nicht erst seit gestern hier.
Die Miele Professional 5400er Serie ist ein alter Hase im Geschäft, sie hat sie alle kommen und gehen gesehen: Studenten, die nicht einmal wussten, wo man das Waschmittel einfüllt – sie hat es ihnen leichtgemacht mit ihren übersichtlichen Funktionen. Sie hat mehr Rentnerschmutzwäsche gewaschen als ukrainische Hilfskräfte im örtlichen Pflegeheim, sie hat so lange gewaschen, bis der ältere Herr oder die ältere Dame nicht mehr kam, weil man dort, wo sie hingingen, nicht mehr selbst waschen muss (Himmel, örtliches Pflegeheim). Sie hat die Jogginghosen von Hartz-IV-Empfängern gewaschen, noch bevor sie jemand so genannt hat und als sie wirklich noch Jogginghosen trugen. Viel hat sie mitgemacht, die Miele Professional 5435 oder 5425 (wer weiß schon, wo der Funktionsunterschied liegt). Sie hat immer wieder gekocht, immer wieder geschleudert, immer wieder nur das billige Waschmittel vom Lidl, immer wieder die billigen Synthetikstoffe. Aber sie hielt, was ihr Waschprogramm versprach. Es wurde immer alles sauber. Die Menschen mussten sich nicht ärgern

wie über ihre Kollegen, die Trockner, in denen nie wirklich trocken wurde, was man hineintat, selbst nicht, wenn man sich einmal durchgerungen hatte »Extratrocken« einzustellen, selbst dann waren die Sachen zwar warm, als man sie herausnahm, aber trotzdem noch feucht, so als sei man in einen von der Sonne aufgeheizten Gebirgssee geschubst worden. Gebirgsseen, mit so etwas hat sich die Miele Professional 5400er Serie nicht beschäftigt.

Samstags war der Ansturm auf sie immer besonders groß, wüsste sie zu berichten, denn samstags ist immer noch Waschtag. Dann kamen die Menschen mit Seesäcken voller Schmutzwäsche und keiften sich an, weil keiner wusste, wer zuerst da war, und weil es auch keinen interessierte. Ein Sozialdarwinismus der Waschsalonprägung entwickelte sich, und es gab keine Regeln, die ihm hätten Einhalt gebieten können. Wie viele Miele Professional 5400er zu belegen hat der das Recht, der zuerst kommt? Und gehören ihm die Maschinen dann, solange er will, kann er sie immer wieder neu füllen, oder muss er sie dann den Nachfolgenden überlassen? Nirgendwo ist eine Waschsalonverfassung niedergeschrieben, der Waschsalon befindet sich im Hobbes'schen Naturzustand, im Kriege aller gegen aller, was ja nicht zuletzt, das wird häufig übersehen, auch bedeutet, dass jeder sich im Kriege mit sich selbst befindet. Welche Maschinen halten da durch? Lächerliche iBooks würden schon nach Minuten die Funktionen einstellen, Smartphones gäben den Geist auf, MP3-Player spielten nur noch unverständliche Geräuschfetzen.

Es muss schon eine Maschine vom Schlage der Miele Professional 5400er Serie sein, um hier durchzuhalten. Es würde mich nicht wundern, wenn sie auf der Raumstation Mir damals auch mit der Miele Professional 5400er Serie gewaschen hätten.

Bibliothek

Es ist ruhig. Weil es aber keine vollkommene Ruhe geben kann, hört man das Rauschen eines kleinen Ventilators, der elektronischen Bauteilen eines Speicher- und Verarbeitungsgerätes, genauer gesagt dem Prozessor, Luftkühlung verschaffen soll. Die Hitze der Erkenntnisanstrengung muss abgekühlt werden. Man hört das Rascheln beim Umblättern einer Buchseite. Jemand atmet schwer (vielleicht liest er Hegel). Ein Stuhl wird gerückt. Dumpfe Schritte in einem der Gänge. Ein anderer hustet. Vielleicht hat er sich an einem zu langen Satz verschluckt. Ein Füller kratzt auf dem Papier. Und schließlich: Eine Uhr tickt. Legt man all diese akustischen Eindrücke übereinander, wiederkehrend in mehr oder wenig rhythmischen Abständen und fügt man ihnen noch ein sanftes Knirschen hinzu, das entsteht, wenn neue Fragmente des Wissens auf alte treffen und sich fugenlos an das Bestehende anschmiegen, auf dass sich ein ebener Teppich des Wissens ergibt, dann erhält man, was der Klang der Erkenntnis genannt werden könnte.

Es wird alles getan, um Bibliotheken zu verunglimpfen, gerade bei jungen Studenten. Schon in den letzten Jahren ihrer Schulzeit langweilt man sie mit sogenannten Methoden des wissenschaftlichen Arbeitens, die in Wirklichkeit natürlich nur der schlechte Widerschein echter Wissenschaft sind. Studenten und solche in spe sollen das Arbeiten in der Bibliothek und das Bibliographieren lernen, so als ob dem Bibliographieren jemals irgendein wissenschaftlicher Fortschritt entsprungen wäre. Erstsemester müssen jedes Jahr aufs Neue an schrecklichen Bibliotheksführungen teilnehmen, wo Bibliotheksangestellte so tun dürfen, als wären ihre langweiligen Abkürzungen und Regeln und Suchverfahren der tragende Stützpfeiler der Aufklärung und nicht bloß ein an sich genauso glanzvoll oder -loses Geschäft wie jede andere Dienstleistung auch, wie Schuhe verkaufen oder bedienen im Fast-Food-Restaurant. Nur gibt es in Schuhgeschäften und in Fast-Food-Restaurants keine Führungen, bei denen die Angestellten den eingeschüchterten Kunden auseinandersetzen, was man dort alles nicht darf. Was darf man in Bibliotheken eigentlich?

Früher, also ganz früher, noch bevor es »user generated content« gab, überhaupt bevor es Internet gab oder irgendwelche elektronischen Speicher- und Verarbeitungsgeräte außerhalb der Köpfe von Leuten, da waren Bibliotheken Orte der Information, der Informationsflut, der Verbindung zur Welt da draußen, zu den Ländern jenseits der Ozeane, über die man nicht laufen konnte, zu den Menschen, die am Rande der Welt lebten, in ständiger Angst herunterzufallen, und gar zu den Menschen, die gar nicht mehr lebten. Heute, das ist so eine dieser Ironien der Geschichte, die Kulturwissenschaftler freudig erregen lässt, geht man in Bibliotheken, um die Verbindung mit der Welt zu kappen, denn Bibliotheken sind die einzigen Räume auf der Welt, in denen es weder Fernsehen noch Internet gibt (Internet manchmal schon, aber das ist durch die Verbote der Bibliotheksangestellten so reglementiert, dass es uninteressant ist.

Wer also nichts wissen will oder nicht besonders viel (sondern nur eine ganz bestimmte Sache), der geht heute in die Bibliothek. Andererseits sind Bibliotheken außer mit Büchern auch mit einem Versprechen ausgestattet, das kein Etat bezahlen kann und das dem von Internet und Fernsehen gar nicht so unähnlich ist: dass sich nahezu jeder wichtige Satz, jedes wichtige Wort, jeder wichtige Buchstabe der Literatur- oder Philosophie- oder Wirtschaftsinformatikgeschichte in Laufweite befindet. Eine beruhigende Vorstellung, und auch wenn die Inanspruchnahme unwahrscheinlich sein mag, das ein oder andere Mal nutzt man die Gelegenheit dann doch.

Als in einem jener Wettbewerbe, der die Menschen den Büchern wieder näherbringen soll, der schönste erste Satz eines deutschen Romans gekürt wurde, war ich weder mit dem ersten noch mit den Plätzen zwei und drei zufrieden. Mir fiel ein Satz ein, den ich selbst für den möglicherweise gelungensten Anfangssatz der deutschsprachigen Literatur hielt: »Meine Mutter fürchtete die Schlangen.« Ich wusste allerdings nicht, welche Sätze auf diesen Satz folgten, denn ich kannte »Meine Mutter fürchtete die Schlangen« nur aus einem Zeitungsartikel über seinen Verfasser Wolfgang Koeppen. In der Bibliothek wurde ich fündig und las, wie es weiterging in seiner unvollendeten Biographie »Jugend« (wahrscheinlich musste sein Satz nur deswegen gegen Grass und Kafka verlieren, weil Koeppen das damit begonnene Werk, wie so vieles, nicht zu Ende brachte). Das ist es, was eine Bibliothek ausmacht und woraufhin einen keine Bibliotheksführung und kein Tutorium zum wissenschaftlichen Arbeiten hinweist: dass man dort Sätze finden kann wie »Meine Mutter fürchtete

die Schlangen« und dass es möglicherweise genug solcher Sätze dort gibt, um ein, zwei Leben damit zu versorgen.
Wenn ich in der Bibliothek sitze und etwas lese, sagen wir Willard Van Orman Quines epochalen Aufsatz »On what there is« (sollte jemals ein Wettbewerb stattfinden, der den schönsten englischen Titel eines philosophischen Aufsatzes kürt, kann die Wahl nur auf diesen fallen), sehe ich mich beim Nachdenken gerne um. Ich betrachte die uniformen, säuberlich aufgereihten Periodik-Bände an den Wänden, das Journal of symbolic logic und das Hegeljahrbuch. Auf den Tischen liegen vor jedem Leser Bücherstapel, Stift und Papier, die Studenten blättern, kritzeln herum, schlagen zu, schlagen auf und man kommt nicht umhin, sich die Fragen zu stellen, wie viele Gedanken wohl gerade im Raum umherschwirren, ob man Gedanken zählen kann und wenn ja, in welchem Maß wohl. Liter? Euro? Pound per square-inch? Was für ein gedankliches Potenzial in der Luft liegen muss, welche Anstrengungen umherschwirren – und mit jedem Seitenumschlag werden es mehr, Bibliotheksluft muss so viel Klugheit enthalten und noch viel mehr Mühe, man sollte sie zur Läuterung in den Fußgängerzonen und Großraumdiskotheken versprühen. Draußen sehe ich dann herbstlich hohe Bäume, die mich davon träumen lassen, ich würde irgendwo in der Ivy League studieren und nicht an einer deutschen Universität mit kaputten Toiletten. Manchmal läuft jemand hinaus zum Telefonieren, ja, ja, warte kurz, bin in der Bibliothek, heischt er dann in sein Telefon.
In Bibliotheken kann man auch lernen, sich zu schämen, für quietschende Schuhe oder eine zu laute Notebooklüftung. Am liebsten allerdings sehe ich mir die Leute an, wie

sie friedvoll nebeneinander sitzen und kein Wort wechseln, ihre schönen Köpfe über die Bücher gebeugt. Jemand hat mal behauptet, in Bibliotheken würde man Menschen kennenlernen. Das glaube ich nicht. Irgendwann habe ich mich dann jedes Mal so lange umgesehen, dass ich den Satz vergessen habe, über den ich nachdenken wollte.
Manchmal entschließe ich mich dann, lieber durch die Gänge zu laufen und in die Bücher zu schauen, vor allem in die letzten Bände der Gesamtausgaben, wo das Private der Großen versammelt ist, das selten Zitierte, die Briefwechsel, die vermischten Schriften. Dort kann man lesen, wie Max Weber dem Freund schreibt, dass er am Treffen nicht teilnehmen kann, weil die Kopfschmerzen wieder zu stark waren, und wie Adorno sich per Leserbrief über die unsichere Verkehrslage an der Frankfurter Uni echauffiert. Die unwichtigsten Schriften der größten Denker des Abendlandes, man findet sie in der Bibliothek.
Irgendwann habe ich mich dann leergelesen und müde gewandert, die Luft im Raum ist verbraucht, die Seiten abgeblickt, alle Ideen gedacht, oder man hat sich in einem gedanklichen Kreisverkehr eingesperrt. Das Gute an Bibliotheken jedoch ist: Man kann sie, im Gegensatz zu Gefängnissen und Drogenentzugskliniken, jederzeit verlassen. Man lässt sich nicht sein Leben von der Wissenschaft diktieren, man geht einfach irgendwann und lässt sie hinter sich, die gute alte Dame Scientia. Insofern sind Bibliotheken übrigens das Gegenteil von Hausmeisterwohnungen.
Das alles sollte man bedenken, wenn man seine nächste Arbeit in einer Bibliothek verfasst. Bibliotheken dienen in Wirklichkeit bloß zur vereinfachten Buchbeschaffung,

die man hin und wieder in Anspruch nimmt, wenn man kein Geld hat, sich das Buch zu kaufen, oder es das Buch nicht zu kaufen gibt. Ihre Einrichtungen stammen meist aus den siebziger oder neunziger Jahren, versprühen also den Charme von Müttergenesungswerken oder Volkshochschulen. Nie sitzt man in bequemen Ledersesseln oder arbeitet an Schreibtischen, auf denen die Zusätze zur amerikanischen Verfassung entworfen wurden, wird nicht beschienen vom sanften Licht einer grüngoldenen Bänkerlampe, keine ihr Gutaussehen hinter Hornbrille und strenger Frisur verbergende Bibliothekshelferin erklimmt hohe Leitern, um die Büchner-Originalausgaben zurück auf die meterhohen Schränke des holzvertäfelten Lesesaales zu stellen. Aber das macht ja nichts, denn was schöne Orte auszeichnet, ist ja gut begründete Illusion. Die muss man sich unbedingt zu nutzen machen, denn es gibt wenig, das mehr motivierend wirkt.

Zwei Tuscheln. Jemand stöhnt. Ein Handy vibriert auf dem Tisch. Jemand hustet. Ist es das Husten der Erkenntnis? Hustet Erkenntnis? Lächelt sie? Ein anderer streicht etwas durch. Oder er unterstreicht etwas. Entweder sein Gedanke ist wieder nichts gewesen oder es war der beste seines Lebens. Ein Junge tippt auf der Tastatur, als schreibe er um sein Leben. Ein Mädchen zwirbelt ihre Haare.

Bahndammunterführung

Wo sind Städte am städtischsten? In Bahndammunterführungen natürlich. Nicht auf Bahnhofsvorplätzen, Autobahnzubringern, vor Amts- oder Landesgerichten oder an Straßenbahnknotenpunkten, vor deren Franchise-Bäckereien allabendlich die Jugend auf ihre Verabredung wartet – dort überall nicht, sondern in Bahndammunterführungen. Aber warum? Man könnte nun antworten, es sei eben einfach so und fertig. Doch man könnte auch versuchen, die Wahl zu begründen.

Filme haben unsere Vorstellungen davon, was eine Stadt können muss, um ihrem Namen gerecht zu werden, entscheidend geprägt. Blade Runner zum Beispiel oder Tim Burtons Batman-Filme. Aus ihnen wissen wir: Was Städte auszeichnet, ist ein krudes und unsinniges Hineinbauen von Infrastruktur in andere Infrastruktur, Festsäle in Statuenköpfe, Restaurants in Brückenpfeiler, Polizeistationen in stillgelegte U-Bahn-Tunnel, kurz ein Verschmelzen aller Bauten ineinander, zu einem einzigen Riesenkomplex. Eine Stadt soll sein wie eine Burg (und deswegen sind Burgen ja auch so anziehend): verwachsen zu einem einzigen verwinkelten Gebäude, in dem alles mit jedem eine Verbindung eingegangen ist, in dem jedes Dach Fundament für ein anderes Haus, jeder Graben Tunnel in einen anderen Hof, jede Mauer Brücke hinüber auf eine andere Seite ist. Eine wahre Stadt hätte keine Zeit, für alles und jedes etwas Eigenes zu bauen, sie würde das Alte

nutzen und das Neue hineinbauen, sie würde improvisieren, eine wahre Stadt wäre eine einzige architektonische Hinschluderei, aber eine phantasievolle Hinschluderei.
Dieser Verwurschtelungsästhetik, die wir von Städten erwarten, schließt sich unsere zweite Erwartung an: Städte müssen düster sein. Zumindest manchmal. Denn was verwurschtelt ist, hat dunkle Ecken, was verwurschtelt ist, folgt nicht den Vorgaben irgendeiner Lichtarchitektur. Wer in eine Stadt zieht, erwartet gelbes Straßenlaternenlicht, gusseiserne Brücken und altes Gemäuer, das von Zeiten kündet, in denen die Eisenbahn noch Leitindustrie war und der technische Fortschritt noch die Hoffnung auf eine bessere Welt anfeuerte. Städte dürfen nicht nur aus Panoramadeck und der Brücke des Kapitäns bestehen, es ist der Maschinenraum, der sie antreibt und am Laufen hält, auch wenn PR-Abteilungen und Tourismusbüros das gerne verbergen. Sie tun der Stadt aber damit keinen Gefallen, denn sie soll ja dampfen und Gesichter mit Ruß bedecken, sie soll ja rattern und erzittern, wenn die Züge sie durchschneiden, sie soll brennen im Innersten und gefährlich sein für den, der zwischen ihre Zahnräder und niemals stillstehenden Maschinen gerät. Gewiss, dort ist es einsam, aber es ist einsam ohne Langeweile. Es schwärmen die Menschen stets davon, alleine, aber nicht einsam zu sein, aber keiner spricht einmal aus, wie viel besser es ist, einsam, aber nicht alleine zu sein, als einsam und alleine.

Wenn man in einer durchschnittlichen Großstadt der Bundesrepublik Deutschland auf etwas trifft, das den Widerschein all dieser Gedanken trägt, dann Bahndammunterführungen. Sie sind verwurschtelt, weil sie selten nur

Bahndammunterführungen sind, meistens vereinigen sie Dönerbuden, Electroclubs, Konzertplakatausstellungsflächen und Straßenbahnhaltestellen zu einem vertrackten Labyrinth. Über der Bahnstrecke, verläuft manchmal sogar noch eine andere Bahnstrecke, und Brücken kreuzen sich über den Fußgängern. Grünzeug vom Bahndamm hängt durch die hundert Jahre alte Stahlkonstruktion der Decke hindurch und scheint nach den Passanten greifen zu wollen, gelbes Licht taucht alles in eine schummrige Atmosphäre. Regnet es auch noch, versammeln sich die Menschen hier und blicken trübsinnig in die Straßenpfützen, kurz: Es ist wunderbar.

Glücklich deswegen alle, die in ihrer Stadt über eine Hochbahn verfügen, eine Hochbahn auf ihren Stelzen ist ein verbesserter Bahndamm, sie teilt sich auf in Ebenen und Stockwerke, es gibt Bahnhöfe auf Brücken und Bahnhöfe unter Tage, die Transportwege sind verästelt wie die Zweige alter Sträucher im Garten.

Natürlich wäre es furchtbar, müsste man tatsächlich in Tim Burtons Gotham City oder Blade Runners Los Angeles wohnen, und wenn es Städte auf diesem Erdenrund gibt, die ihnen gleichen, dann sei jeder meines Verständnisses sicher, der aus ihnen wegziehen möchte. Darin liegt ja gerade der Vorteil von Bahndammunterführungen und Hochbahnen, sie deuten die ganze Chose nur an, man kann sich für ein paar Minuten in diese Welt versetzen und sie, mir nichts, dir nichts, wieder verlassen, wenn man genug hat.

Badezimmer

In einer Werbekampagne behauptete ein Hersteller von Küchengeräten einmal, die Küche sei der Mittelpunkt des familiären Zusammenlebens. Das mag richtig sein, wichtigster Raum jeder Wohnung bleibt trotzdem das Badezimmer, auch wenn man von ihm nicht als Mittelpunkt des familiären Zusammenlebens sprechen kann, da sich meist nur ein Familienmitglied auf einmal darin aufhält, während das andere an die Tür pocht und fragt, wie lange es noch dauert.

Im Bad finden keine Geselligkeiten statt, aber für alle ungeselligen Dinge des Lebens ist es der richtige Ort. Zum Beispiel für das Nachdenken. Was mir in Badezimmern schon alles durch den Kopf ging, würde auf keine Blueraydisc der Welt passen, denn Badezimmerhandlungen beschäftigen die motorischen Fähigkeiten und lassen so dem Kopf Zeit, für sich allein zu sein und herumzuspinnen.

Beim Zähneputzen schaut man sich um, guckt sich im Spiegel an, guckt auf die Haare im Abflusssieb der Dusche und dann fällt einem ein, wie unerträglich es ist, wie Angela Merkel das Wort Deutschland ausspricht, hat es aber wahrscheinlich schon wieder vergessen, noch bevor man die Zahnpasta ins Waschbecken spuckt.

Beim Duschen dreht man sich unter der Brause hin und her, verteilt ein wenig den Schaum auf dem Körper, aber das ist natürlich alles nicht genug, um die eigenen intellektuellen Fähigkeiten vollständig zu binden. Aber Duschen dauert ja, genau wie Zähneputzen, also wirft das Gehirn seine Langeweiletötungsmaschine an, die gute alte Tante Kreativität, und bevor man sich versieht, hat man einen Gedanken im Kopf wie: Heiraten ist Kapitulation vor der Vergänglichkeit.

Schon beim Abtrocknen versteht man kaum mehr, was das überhaupt heißen soll, aber das ist nicht schlimm, es ist der gewohnte Gang der Dinge. Beim Abtrocknen fallen die gedachten Duschgedanken eben wieder von einem ab wie Schuppen und bleiben irgendwo auf dem Badezimmerboden liegen, wo sie sich mit der Zeit festtreten.

Manches bleibt natürlich auch, selbst wenn der Mensch ein vergessliches Tier ist, alles zu vergessen, das schafft er nicht. Ich vermute, auf diese Weise entstehen die großen Ideen der Geschichte, die Hauptsätze der Thermodynamik, die Romane auf den Bestsellerlisten, EU-Osterweiterung. Fragensteller fragen angesichts solcher Sachen gern, wie man denn auf diese Idee gekommen sei, und Antwortgeber antworten dann, sie ließen sich eben viel von ihrer Umwelt inspirieren. Vielleicht stimmt es, aber es ist nicht die ganze Wahrheit, da können sich die Physiker, Schriftsteller und EU-Kommissare so viel inspirieren lassen, wie sie wollen, hätten sie kein Badezimmer, käme nichts dabei herum. Es sollte in Abhandlungen über Kreativität also öfter vom Badezimmer die Rede sein und es sollte sich auch jeder, der sich zu den Kreativen rechnet (und wer tut das heute nicht), sorgsam um sein Badezimmer Gedanken machen. Vielleicht findet er dann einen Weg, all die verlorengegangenen Ideen im Badezimmerfußboden wieder nutzbar zu machen, in jedem Fall sollte

er bei seinem nächsten Hausbau darauf achten, dem Badezimmer die nötige Ehrerbietung entgegenzubringen, die ein Hort der Kreativität verdient. Es müssen ja keine jungfräulichen Tempeldienerinnen sein, die ekstatisch im Kreis herumspringen und die Musen der Antike um Ideengebung anflehen, es sollte ja vermieden werden, was den Gedanken zu viel Halt, zu wenig Ablenkung verschafft, es darf wenig zu gucken geben, aber hell und freundlich kann es schon sein. Hell und freundlich sei das Badezimmer, dann spießen auch die Ideen nur so und erblühen wie die Länder der EU-Osterweiterung.
Vorausgesetzt, man bleibt mit seinen Badezimmerhandlungen auch im Badezimmer und verlegt sie nicht in den Mittelpunkt des familiären Zusammenlebens, die Küche. Nichts ist unangenehmer, als mit der Zahnbürste im Mund durch die Wohnung zu laufen und sich die Zahnpasta-Wasser-Speichel-Mischung in den teuren Schlafanzugsärmel laufen zu lassen. Ideenlos und mit nassem Ärmel muss man dann später zu Bett gehen. Und mit nassem Ärmel wurden die Hauptsätze der Thermodynamik ganz gewiss nicht ausgedacht.
Ich möchte hier nichts gegen Küche oder Bett sagen, gewiss nicht, Mittelpunkte des familiären Zusammenlebens liegen mir genauso am Herz wie Mittelpunkte des einsamen oder zweisamen Einschlafens. Auch mag, wer seine Kreativität dadurch gefördert sieht, sich in sein Lieblingscafe setzen oder eine Hütte im Wald beziehen, nur erlaube er mir bitte, so lange einfach duschen zu gehen.

Gespräche im Bett

Im Bett wird der Mensch gezeugt, und im Bett spricht er seine letzten Worte, bevor er sich verabschiedet von der schnöden Welt. Zwischendrin verbringt er auch jede Menge Zeit dort, baut sich eine Burg, krümelt es voll, zeugt wieder andere Menschen, die Burgen bauen, vollkrümeln und zeugen. Immer geht das so weiter.

Das Bett ist die Oper des kleinen Mannes, sagt man, und die größte Oper führt der kleine Mann auf, wenn er krank ist. Dann stapeln sich die Taschentücher und Medikamentenverpackungen rund um ihn herum, dann kommt das Fieber, der Körper erhitzt, und die wirrsten Träume suchen einen heim. Zählt man die Träume hinzu, hat man nirgendwo mehr erlebt als im Bett: Monster, Erdbeben, man war Bundeskanzler und Bettler, an den entferntesten Orten und an denen, die man zu kennen glaubte, die aber im Traum immer anders aussahen als in Wirklichkeit.

Der Mensch mit seinen Faxen hat sich allerlei Unsinn ausgedacht, um sein Bett aufzupimpen: Himmelbetten, Wasserbetten, dabei ist doch fast jedes Bett gleich gut. Hauptsache, man kann sich morgens noch einmal umdrehen und die Decke ist nicht zu kurz. Die einzige Art von Bett, in der man keine längere Zeit verbringen möchte, ist das Krankenhausbett. Nicht bloß, weil ein Aufenthalt dort bedeutet, dass man krank ist, sondern auch weil Krankenhausbetten keinerlei Trost in diesem wenig wünschenswerten Zustand bieten. Sie machen mit ihrem funktionalen, desinfizierten Design alles nur noch schlimmer. Dabei sollten doch gerade Kranken, Alten und Schwachen die besten Betten zur Verfügung gestellt werden. Des Weiteren ist das Bett auch ein wichtiger Verhandlungsort, einige der bedeutendsten Gespräche der Weltgeschichte fanden in Betten statt. Hören wir uns einen dieser Dialoge an:

»Bist du noch wach?«
»Ja.«
»Hm.«
»Was ist denn?«
»Ach, schon gut.«
»Jetzt sag.«
»Nein, ist nicht so wichtig.«
»Warum hast du dann gefragt, ob ich noch wach bin?«
»Egal.«
»Mann.«
»Es ging nur um die Bettdecke.«
»Was ist damit?«
»Die ist falsch rum.«
»Wieso falsch rum? Es ist eine Bettdecke mit Blumenmotiven auf der Oberseite und die Blumenmotive zeigen nach oben, also liegt die Bettdecke richtig herum.«
»Ich meine andersrum falsch rum.«
»Auf links?«
»Nein, horizontal.«
»Was denn für ein Horizont?«
»Hier oben bei mir am Kinn ist die Knopfleiste! Die Knopfleiste gehört aber nach unten, zu den Füßen. Oben stört die Knopfleiste. Man kann sich sogar einen Merkspruch daraus machen: ›Die Knopfseite nicht zur Kopfseite.‹«

»Im Dunkeln siehst du es doch sowieso nicht.«
»Aber ich spüre es. Am Kinn. Oder am Hals. Ich habe einen sehr empfindlichen Hals. Außerdem, was soll das denn heißen, im Dunkeln würde ich es sowieso nicht sehen? Solch einen erkenntnistheoretischen Konstruktivismus lehne ich strikt ab!«
»Dann dreh die Decke eben.«
»Dann muss ich aufstehen.«
»Dann steh auf!«
»Ich bin zu müde. Ich dachte, wir könnten die Bettdecke zusammen drehen, dann schaffen wir es auch im Liegen.«
»Was wir alleine nicht schaffen, das schaffen wir auch nicht zusammen.«
»Komm schon. Du musst sie mit Füßen und Händen anheben und in jeweils unterschiedliche Richtungen drehen.«
»Gegen oder mit dem Uhrzeigersinn?«
»Mit.«
»Okay, ich versuch's.«
»Nein, warte!«
»Was?«
»Doch lieber gegen. Gegen den Uhrzeigersinn.«
»Dann halt gegen.«
»Nein, nein, ich nehm's zurück. Mit! Mit!«
»Jetzt reicht's mir, dreh deine Scheißdecke doch alleine.«
»Klar, jetzt ist es natürlich meine Decke.«
»Es ist ja auch deine Decke! Auf deinem Bett, in deiner Wohnung!«
»Gut, ich schenke dir einen Teil der Decke. Aber nur neunundvierzig Prozent, damit ich weiterhin Verantwortung trage und Entscheidungsgewalt innehabe.«
»Ich will überhaupt keine neunundvierzig Prozent von deiner Decke!«

»Dann eben nicht. Wieso weckst du mich dann überhaupt?«
»Ich habe dich überhaupt nicht geweckt! Du hast mich gefragt, ob ich noch wach bin. Weil die Bettdecke falsch rum liegt! Du kannst doch nicht einfach die Tatsachen vollkommen verdrehen.«
»Bist du jetzt sauer?«
»Nein.«
»Wirklich nicht?«
»Nein.«
»Ganz ehrlich?«
»Halt den Mund.«
»Ich kann nicht schlafen, wenn wir uns gestritten haben.«
»O Gott. Warte, ich stehe jetzt auf und dreh die bescheuerte Decke im Stehen. – Hier. So ein Quatsch. Jetzt zufrieden? Hallo? – Noch da? Eingeschlafen oder was?«
»Hmhmhm.«
»Wären wir Comicfiguren, könnte man jetzt im Dunkeln sehen, wie ich mit den Augen rolle.«
»Hmhmhm.«

Hier findet der Dialog sein Ende. Ist er nicht ein leuchtendes Beispiel der Streitkultur? Ein Fall von idealem Diskurs, in dem der zwanglose Zwang des besseren Arguments herrscht? Unverständlich also, wieso nicht auch die Nahost-Friedensgespräche und all die anderen festgefahrenen Verhandlungen ins Bett verlegt werden.

Waschanlage

Schaum kommt von den Seiten wie Champagner auf dem Siegerpodest, die Fenster werden bedeckt von einer dünnen, weichen Schicht aus Wasser und Seife, die der Schale aus flockigem Schnee ganz ähnlich sieht, mit der das Auto in der ersten richtigen Winternacht bedeckt wird. Der Schaum bildet eine magische Wand, durch die kein Auge hindurchsehen kann, das Innere ist abgeschnitten von der Außenwelt, Geheimnisvolles könnte nun hier im Verborgenen vorgehen, Staatsverschwörer könnten sich hier treffen hinter der Wand aus Schaum oder Informanten mit brisanten Informationen oder Liebende, deren Familien ihre Verbindung zu verhindern trachten. Schaum, was hast du schon alles von der Welt abgeschnitten!

Doch schon lüftet sich der Schleier wieder, Verliebte müssen ihre Münder voneinander lösen, Staatsverschwörer ihre Dolche wieder unter ihren Gewändern verbergen und Informanten die Mantelkrägen tief in ihre Gesichter ziehen. Der Schaum sucht sich seinen Weg von der Scheibe, bildet Muster und Gemälde, Gesichter und Prophezeiungen lassen sich in seinen Formen ablesen. Du wirst sterben, verrät der Schaum dem Kundigen der Schaumdeutung, zumindest irgendwann einmal.

Die Sicht ist wieder frei, und man muss erblicken, wie sie kommen, die ersten Bürsten. Sich um sich selbst drehend wie Planeten und Egoisten, bewegen sie sich langsam,

aber unaufhaltsam auf uns zu, nein wir uns auf sie, aber worin besteht da schon der Unterschied (in nichts, wie die Physiker wissen). Man fürchtet den Moment, in dem sie auf die Außenspiegel treffen, die verletzlichen Außenposten unseres Gefährts, schutzlos abstehend, denn man wähnt, die Bürsten könnten sie abknicken wie Grashalme, über sie hinwegfegen und zerstörte Spiegel hinterlassen, die an den verbliebenen Elektrokabeln traurig herunterhängen. Doch nichts dergleichen passiert, die Bürsten umstreicheln sie nur, hart, aber ohne Materialschaden zu hinterlassen. Der rhythmische Klang ihres Wischens erfüllt das Innere des Wagens und stellt die Frage, wie lange es denn noch dauern kann, bis endlich ein sensibler Musiker die große Waschanlagenoper komponieren wird.
Von unten kommen jetzt Wasserdüsen hinzu, mit Druck fegen sie die Schmutzatome von den Felgen, verjagen, was an den Rädern hängen blieb während der langen Fahrten, stoßen es in den düsteren Ausguss der Waschanlage. Hier wollte ich beileibe kein Schmutzatom sein!

*

»Bei Gefahr hupen« stand auf dem Schild an der Einfahrt. Ein schmutziger Mann spritzte das Auto mit dem Schlauch ab, nachdem man ihm etwas Geld in die Hand gedrückt hatte. Dann wischte er die Scheiben, man fühlt sich wie bei einer Kopfmassage im Friseursalon, unsicher, wohin man schauen oder was man tun soll. »Unser Waschanlagenteam« stand auf einem anderen Schild. Man bekam etwas geschenkt: Tücher, Scheibenreiniger und eine Parkscheibe. (Man kann sich gar nicht vorstellen, wie schwie-

rig es ist, sich eine neue Parkscheibe zu besorgen, wenn man seine einzige verloren hat. Parkscheiben bekommt man nur geschenkt. Wer würde schon Parkscheiben verkaufen?) Der schmutzige Mann winkte, man fuhr vor. Der schmutzige Mann winkte noch einmal, man fuhr noch etwas vor und noch etwas und noch etwas, dann ging der schmutzige Mann. Gang raus, nicht bremsen.
Das Band rollt an, auf dem das Auto durch die Waschanlagenwelt gezogen wird, aber nicht durch irgendeine Waschanlagenwelt – durch »die Zukunft der Autowäsche«. Denn heute wird die neue Schon- und Bürstenwaschstraße mit modernster Technologie eröffnet: extra lang mitlaufende Bürsten, Schwellerwäscher im Eingangsbereich, Schonwäsche mit X-tra-Politur, neueste Bürstentechnologie SofTecs, extra für Breitreifen bis 330 Millimeter, neue Durchfahrtshöhe 2,20 Meter – beste Beurteilung im ADAC-Waschanlagen-Test, und das alles natürlich zu den gewohnt »alten« Preisen. So zumindest die Werbeanzeige im Prospekt des Baumarkts, an den diese Waschanlage angegliedert ist.
Das Plätschern und Wischen und Strudeln und Rumpeln nimmt zu, es wird immer lauter, kommt näher, wie die Quelle eines Alpenbaches, die der Wanderer bald erreicht; wandern durch die Waschanlage, das wäre wirklich ein Erlebnis, das wäre vielleicht das letzte Abenteuer der Stadt, das wäre Überlebenskampf in der Waschstraße, im Tsunami des kleinen Mannes. Jetzt kommt es auch von oben, eine große Längsbürste schwebt drohend über dem Auto, eine Damoklesbürste. Und dann an den Seiten die Hauptwalzen, die das meiste verrichten, jeweils zwei hintereinander, größer als alle anderen, sie schlagen auf die

Fensterscheiben ein, ich taufe sie Scylla und Charybdis, und jede von ihnen hat noch ihre gleich furchterregende Zwillingsschwester mitgebracht. Es pocht auf dem Dach, auch oben werden die Textilstreifen nicht müde, das Blech abzuklopfen, nicht nach Fehlern, nicht als Gruß, nicht als Hilferuf, sondern als Schmutzvernichtungsmaschine. Und dazu Regen, Sturzbäche, dicke Tropfen, als würde das die Schuld der Vernichtungsmaschine hinwegwaschen, Regen, wie es in ihn nur in Filmen und in Waschanlagen geben kann, und ich bin ein U-Boot. Hoffentlich hält alles dicht. Die Fensterdichtungen. Das Schiebedach. Unerbittlich das Klopfen, unerbittlich das Prasseln der Tropfen. Zum Glück muss ich da jetzt nicht raus. Ich bin Odysseus, Kapitän eines U-Bootes mit Schiebedach, und wie Odysseus, wie Äneas, wie vielleicht jeder, den sich ein Dichter einmal als Führer eines Bootes ausgedacht hat, bin ich im Kampf mit meinem Schicksal. Es hat sich mir offenbart als nimmermüdes Band, das mich durch diese Waschanlage zieht, und was ich auch tue, ich kann es nicht aufhalten. Ich muss mich den Bürsten stellen, die es für mich bereithält.

Wie auch immer all die anderen Geschichten ausgegangen sind von den Männern und ihrem Schicksal, egal welche Moral dabei herumkam, diese Geschichte hier hat eine ziemlich stupide: Ergib dich der Fügung, dann geschieht dir nichts. Wehrst du dich, dann gnade dir Gott. Die Waschanlage wird es nicht. Die Waschanlage verzeiht keine Fehler, genauso wenig wie das Meer.

Jetzt fährt man auf eine Bürste zu, die quer den Weg versperrt, gleich wird sie in die Scheibe einschlagen, nur noch wenige Zentimeter. Und dann hebt sie sich endlich und gleitet Stück für Stück an der Windschutzscheibe entlang nach oben. In der zweiten Waschstraße wird ein anderes Auto in freundschaftlicher Parallelität hindurchgeschoben, ein Leidens-, ein Schicksalsgenosse, man möchte ihm durch die tosenden Düsen einen Gruß zurufen, einen Gruß an den Kapitän jenes Schiffes dort drüben. Wal, da bläst er, möchte ich rufen, und auf mein Holzbein klopfen, um uns Glück zu wünschen.

Jetzt kommt noch eine Bürste. Aber wir sind aus dem Gröbsten raus. Auf dem Dach wird es noch einmal laut, die Waschanlagengeister poltern ein letztes Mal und bitten verzweifelt um Einlass ins trockene Innere, aber wir Fahrer müssen hart bleiben. Wir können unsere Türen nicht öffnen. Links und rechts tauchen noch einmal feuerrote Bürsten auf, die Köpfe von vor Wut rotierenden Drachen, die vor Äonen in den Waschanlagen dieser Welt eingesperrt wurden, auf dass sie kein Unheil mehr anrichten und in Dörfern Jungfrauen fressen, auf dass sie nützliche Mitglieder der Gesellschaft werden, Verbündete im Kampf gegen den Schmutz.

Eine letzte Parade an Wasserfontänen gibt uns Geleit, verabschiedet uns Richtung Fön, in hauchdünnen Flächen spuckt die Waschanlage das Wasser aus, Wände, Mauern, Wälle aus Wasser, die wir durchbrechen. In einen großen Sprühnebel sind wir gehüllt, die Sicht ist uns genommen, und doch steuern wir tapfer geradeaus. Welch andere Wahl ließe uns auch das ziehende Band?

Am Horizont leuchten uns Zeichen, der Schriftzug »Nanowachs« blinkt uns entgegen und »Unterbodenpflege«, »Trocknen« und »Aktivschaum«. Die Zeichen deuten uns, dass diese Wäsche fast mehr Geld kostet als das zu waschende Auto noch wert ist. Noch eine letzte Probe, auf die man gestellt wird: »Bitte nicht bremsen« steht auf dem Fön, auf den wir zufahren und der sich noch später nach oben fortbewegt als die Bürste vorhin. Ich bremse nicht, wer bremst, der würde vermutlich aus der Spur fliegen und sich in den Waschbürsten verkeilen, er müsste hupen und auf Rettung durch unser Waschanlagenteam warten. Die letzten Tropfen auf der Scheibe rasen unter dem Fön hinfort wie aufgeschreckte Tiere im nächtlichen Wald.

Wir haben es überstanden, ich und mein Schiff auf Rädern, überstanden die Urkraft des Meeres, Sturm und Seeungeheuer, und ich musste mich dafür nicht einmal an mein Lenkrad binden oder einen Pakt mit dem Teufel eingehen. Um mir ein Lob zu singen und meine Heldentaten zu feiern, führt die fröhliche Parade der Textilstreifen einen lustigen Tanz um das Auto herum auf, dreht sich links, dreht sich rechts, in stockendem Rhythmus, und streichelt die Motorhaube. Die Ausfahrt ist da. Wir sind ihr wieder einmal entkommen, der Waschanlage, jetzt sind wir reingewaschen, wie neugeboren, geläutert und gestählt und vor allem natürlich: sauber. Zumindest, bis wir wieder schmutzig werden.

Club

Unruhig stehe ich in der Kälte. Ich habe trotz winterlicher Temperaturen meine Jacke geöffnet, damit der Türsteher Hemd und Pullover, die ich darunter trage, sehen kann. Ich verspüre eine angenehm-unangenehme Anspannung, die einerseits zu vergleichen ist mit jener Anspannung, bevor man einen fremden Menschen anspricht, was schön ist, andererseits aber auch ein wenig mit der, die einen ereilt, wenn man das Gefühl hat, gleich ein paar aufs Maul zu bekommen, was nicht so schön ist. Ich hätte doch nicht alleine gehen sollen. Ich hätte zumindest außer den Schuhen auch die Jacke wechseln sollen. Und mich rasieren.

Jetzt stehe ich ganz vorne. In Gedanken noch bei der letzten Gruppe drückt der erste Türsteher mir ein kleines Kärtchen mit der Aufschrift »Male Guest« in die Hand, danach ähnliche Kärtchen den zwei Mädchen hinter mir. Innerlich balle ich meine Faust als Zeichen des Sieges zusammen. Er muss gedacht haben, ich sei mit den Mädchen da. Jetzt schnell rein, dann ist es egal. Beim Rausgehen werden sie einen schon nicht aufhalten, weil man plötzlich nur noch alleine ist. Ich muss an »Vor dem Gesetz« denken. Die Mädchen gehen ein paar Schritte vor mir, plötzlich dreht eines sich um und sagt »Hallo«. Ich lächle, aber habe keine Ahnung, woher ich sie kennen könnte. Vielleicht wollte sie mich ansprechen? Vielleicht wollte sie auch nur dem letzten Türsteher vor dem Eingang das

Signal geben, dass ich nicht zu ihnen gehöre. Das Ziel hat sie jedenfalls erreicht. Er hält mich auf und nimmt mir mein Kärtchen wieder ab. Ich habe ein sehr schlechtes Gedächtnis, deswegen fällt mir in diesem Moment keine Situation meines Lebens ein, in der ich mich mehr geschämt hätte. Das ist also der peinlichste Moment meines Lebens, denke ich. Der Türsteher trägt ein Funk-Headset und funkt herum, um zu fragen, wer mich reingelassen hat. Ich bekomme nicht mit oder vergesse aus Selbstschutz und Scham, was der Türsteher, der mich reingelassen hat, zu seiner Verteidigung sagt, und nichts liegt mir ferner, als nachzufragen, wieso ich nicht in den Club darf. Im Nachhinein wäre das natürlich die interessanteste Frage gewesen. Aber was ist im Nachhinein nicht schon alles interessant! Der letzte Türsteher verabschiedet mich mit einem in letzter Konsequenz dann doch irgendwie freundlichen »Tut mir leid« und mir fällt nur ein verdutztes Gucken als Antwort ein.

*

Man muss schon ein junger Mensch eines ganz anderen Kalibers sein als ich, um in einen Club alleine hineinzumarschieren und sich, unbeirrt der Blicke der anderen, seine Notizen zu machen. Ich hätte wissen müssen, dass alles, was die Dancefloors und Diskokugeln der Stadt mir mitzuteilen hatten, meine eigene Unzulänglichkeit war. Die aber hätte ich auch schon zu Hause haben können.
Die Clubs, das ist mir jetzt klar und war es vielleicht auch schon früher, stellen die größten Anforderungen an unsere Jugend. Vor ihnen müssen wir bestehen wie Ödipus

vor der Sphinx. Dass sie so große Anforderungen stellen, bleibt nur deswegen unbekannt, weil die eine Hälfte der Menschen die Anforderungen mit Leichtigkeit erfüllt und der anderen Hälfte die Anforderungen egal sind. Es ist so wie mit dem Feiern: Die eine Hälfte der Menschen ist zu dumm dazu und die andere Hälfte zu gehemmt. Die Ausnahmen sind rar. Ich bin keine.
Ich kann auch nicht alleine in einer Nacht durch alle Clubs der Stadt ziehen – was mein ursprünglicher Plan war. Ich kann nicht einmal in zehn Jahren alleine durch alle Clubs der Stadt ziehen. Mir fällt ein Clubbesuch ja schon schwer, wenn ich zu zweit, zu dritt oder zu viert bin. Vielleicht versuche ich es noch einmal, wenn ich zu viert bin, mit der Nacht. Aber für dieses Mal gebe ich auf. Ein kleiner Trost bleibt mir: Was hätte ein Text schon mehr über meine Sicht auf Clubs verraten als die einfache Tatsache, dass ich keinen Text schreiben konnte?

Fast-Food-Restaurant

Fast-Food-Restaurants sind etwas Besonderes. Sie stehen, im allerbesten Fall, am Ende einer Kette von freudigen Ereignissen, sie sind also eine Art Nachspiel, so wie das Unwichtige, das in den Herr-der-Ringe-Büchern noch passiert, nachdem Frodo den Ring in den Schicksalsberg geworfen hat. Sie sind das Ausklingen des Höhepunktes in der Dramaturgie und damit genauso wichtig wie alles, das zur Vorfreude gehört.

Man trifft sich in einer Wohnung, um vorzutrinken, dann trinkt man in der Straßenbahn und am Kiosk weiter vor, dann geht man in eine Örtlichkeit zum Tanzen, im besten Fall geht man danach in noch eine andere und wenn es sich um einen Abend handelt, der zu normalen Abenden im Verhältnis steht wie ein Fast-Food-Mahl zu einem Fünf-Gänge-Menü, dann geht man danach in noch eine weitere Örtlichkeit, die sich auf die Morgenstunden spezialisiert hat. In jedem Fall endet alles aber, wo es enden muss, weil die alten Dramaturgen des Ausgehens es so festschrieben: im immer geöffneten Fast-Food-Restaurant. Darum haben Fast-Food-Restaurants eine wichtige Position in der Dramaturgie der perfekten Nacht inne, und auf sie kann nicht verzichtet werden.

Aber solche Besuche bei McDonald's und Burger King (wir können die Namen ja nennen, viel mehr gibt es kaum) sind natürlich eine Ausnahme, eine grandiose, selbst in der Erinnerung, noch in der vagen Vorstellung Endorphine freisetzende Ausnahme zum schrecklichen Alltag. Denn alle anderen Besuche in den Fast-Food-Restaurants werden zu Recht verurteilt. Sie zerstören unsere Körper, sie verderben unseren Geschmack, sie verhindern eine gerechte Ordnung der Welt und sie amputieren unser Sozialleben.

Nun könnte aber jemand kommen und eine weitere Meinung ins Spiel bringen, eine höchst fragwürdige Meinung, die aber trotzdem hier wiedergegeben wird, denn dies ist eine pluralistische Betrachtung von Fast-Food-Restaurants und keine Meinung soll von vornherein ausgeschlossen werden, bevor wir sie nicht genauestens geprüft haben. Dieser jemand würde also ungefähr sagen: Gerade in der vollkommenen, totalitären, unwiederbringlichen Armseligkeit des Fast-Food-Betriebs liegt sein zweiter Glanz. Nicht jeder wird ihn sehen können, doch er glaubt, ihn erblickt zu haben. Es ist nämlich so, dass man dem Fast Food bei allem eines zugestehen muss: Es ist demokratisch, zumindest insofern, dass es ein zutiefst demokratisches Laster ist. Vielleicht das einzige demokratische Laster, das es gibt. Wer nie beginnen konnte, dem Alkohol zu verfallen, weil er als Jugendlicher vermeintlich zu uncool und als Erwachsener angeblich zu stillos war, um seine Sorgen in bitterem Geschmack zu ertränken, dem bleibt immer noch Fast Food. Wer selbst zu ungeschickt ist, zu rauchen, wer selbst zu wenig Freunde hat, um den schlechten Umgang zu pflegen, der ihn zu Drogen brächte, der hat ja noch Fast Food. Das Tor zum Fast Food steht einem immer offen, man muss nicht gut genug sein dafür, in keiner Art und Weise. Sein Versagen mit schlechter Ernährung zu kompensieren, das steht jedem offen. Es

gibt keine Zugangsbeschränkung, keinen Coolness-NC. Es schmeckt sogar, es ist für niemanden verboten, es ist teuer, aber nicht zu teuer. Das Laster, das Versagen, das am wenigsten veredelt wird durch Romantisierungen, durch Kunst, durch Anerkennung. Alkohol, Kokain, schnelles Fahren, die großen Persönlichkeiten haben sich auf so viele Arten zu Tode gebracht, aber kaum einer hat sich zu Tode gegessen, und bei denen, die es so taten, betrachten wir es nicht als Ritterschlag ihres Versagens, sondern als Albernheit und Groteske. Manche Menschen sind selbst unfähig, an ihrer Unfähigkeit heroisch zu scheitern. Sie scheitern hässlich, aber nicht Hollywood-hässlich, sondern hässlich wie in »hässlich langweilig«. Für sie bleibt Fast Food. Also sitzt in den Fast-Food-Restaurants die Unterschicht der Unterschicht, die, die sich noch dem letzten Ausbruch aus der Langeweile entzieht, und sie fressen Hühnchenteile und saufen Koffeinlimonade, bis ihre Bäuche anschwellen, ihre Haut fahl wird und ihnen die Haare ausfallen. Sie können nichts, sie können nicht einmal bei ihrem Untergang Würde bewahren.
So würde der Unbekannte seine Sicht der Dinge präsentieren. Aber er würde noch weiter gehen und seine Argumentation zum Äußersten treiben. Er würde sagen: Aber wenn man nichts kann, sollte man dann nicht wenigstens überhaupt nichts können? Ist alles andere nicht Lüge und Blenderei? Wäre das nicht ein Segen: gar nichts zu können und trotzdem da zu sein, angeschwollen, fahl und haarlos, aber trotzdem im Fast-Food-Restaurant herumzusitzen? Wäre das nicht ein wahrer Triumph des Menschen? Nicht einmal einen Nagel in die Wand schlagen zu können, nicht küssen, keine logischen Probleme lösen, nicht tanzen,

nicht schnell laufen zu können und vor allem weder Geduld noch Disziplin zu besitzen, irgendetwas davon jemals zu lernen?

Man stelle sich vor, man säße in der ersten Etage eines Fast-Food-Restaurants und blickte auf die Straße hinab, übergewichtig, adipös, von Hässlichkeit verzehrt, mit fettigen Fingern, vollem Mund und trübem Blick, unwürdig eines jeden wohlwollenden Blickes und man sähe unten eine Flutwelle, die heranrollt. Die Flutwelle würde alle Menschen mitreißen und hinfortspülen, die etwas können oder eher noch alle, die behaupten, man müsse etwas können, man müsse etwas mit seinen Händen herstellen können, sie würden alle ertrinken, die das sagen, man muss mit seinen Händen nichts herstellen können, man muss mit seinen Händen vielleicht streicheln und applaudieren können, nicht mehr. Und alle würden ertrinken, die sich rühmen, die Tipps und Tricks zu kennen, die behaupten zu wissen, wie der Hase läuft, die das Business kapiert, den Dreh raus, die richtigen Verbindungen haben und Leute kennen, sie würden also alle jämmerlich ersaufen in der Flut, und übrig auf der Welt blieben nur die, die gar nichts können, sie säßen in ihren Fast-Food-Restaurant-Obergeschossen und würden fröhlich aus dem Fenster winken mit ihren fettigen Fingern, wenn die Alleskönner vorbeitrieben, nach Luft ringend, und in ihr hämisches Winken würden sie alle ihre Wut hineinpacken, all ihren Neid, den sie aufgestaut hatten, ihren Hass auf etwas, das ihnen ihr Leben lang verwehrt blieb: das Können. Dann würde die Flut zurückgehen, und übrig blieben nur sie, und vermutlich würden auch sie bald zugrunde gehen, nicht fähig, sich zu ernähren, zu versorgen, irgendetwas

aufrechtzuerhalten, nicht einmal die Fast-Food-Restaurants. So würde der Unbekannte seinen Monolog über Fast-Food-Restaurants beenden.
Was sollen wir nun von ihm und seinen seltsamen Worten halten? Wir sollten sie jedenfalls nicht als die Wahrheit betrachten, vermutlich ist es nur eine wirre Theorie, es sind die Sätze eines verwirrten oder gar zynischen Menschen. Doch trotz allem sollten wir seine Worte nicht völlig vergessen, wir könnten uns beispielsweise an sie erinnern, wenn wir das nächste Mal ein Fast-Food-Restaurant betreten, und für einen Augenblick seinen Blickwinkel auf die Dinge einnehmen. Vielleicht würde das helfen, Fast-Food-Restaurants besser zu verstehen.

Sporthalle

Eine katholische Hauptschule in Köln. Es würde schwerfallen, den Eingang zur Sporthalle zu finden, wenn das Quietschen der Schuhe auf dem Hallenboden nicht wäre. Ob von pubertierender Energie strotzende Teenager in der Turnhalle einer öffentlichen Schule verschwitzt dem Ball hinterherlaufen, ob saturierte Businessexistenzen in Squashcentern ihre nächste Sportverletzung provozieren oder im Madison Square Garden Basketballer-Beine über das Parkett tänzeln, das Geräusch unterscheidet sich nicht.
Zwei Badminton-Jugendmannschaften treten heute gegeneinander an. Die Kölner haben das Hinspiel verloren, weil sie auf der Autobahn im Stau standen. Jetzt herrscht jedenfalls so etwas wie eine feindliche Stimmung, wenn man davon denn sprechen kann bei einem so leichten, luftigen Sport. Über der alten Sporthallenbank, auf der die Kölner Platz genommen haben, liegt jedenfalls eine angespannte Stimmung. Eines der Mädchen hat Kopfschmerzen, Paracetamol will sie aber nicht, dann könne sie gar nicht mehr spielen. Ein bullig aussehender Junge, man würde ihn eher auf dem Rugbyfeld oder zumindest auf dem Fußballplatz vermuten, blickt wütend auf die Spielfelder.
Gerade werden die Einzelpartien gespielt, die beiden besten jeder Mannschaft und die beiden zweitbesten gegeneinander. Die Nummer eins des gegnerischen Teams beju-

belt jeden guten Schlag, den er macht, zwischendurch ruft er »C'mon!«. In einem amerikanischen Sportfilm wäre er der unsympathische, arrogante Gegner, der Goliath, gegen den David sich bewähren muss. Die Gesichtszüge des Jungen von der Kölner Bank verziehen sich noch mehr, jedes Mal, wenn er das »C'Mon!« hört.

Jetzt ist er an der Reihe und betritt das Feld, das farbige Turnhallenparkett mit den vielen verwirrenden Streifen auf dem Boden, die je nachdem, welche Sportart gerade ausgetragen wird, eine Menge bedeuten und die Felder der Kämpfe markieren. Es sind pathetische Streifen, sie entscheiden über Sieg oder Niederlage, und zwar millimetergenau, vielleicht haben sie sogar schon mal ein Leben gekostet, zumindest viele Trainingsstunden. Rot für Fußball, schwarz für Basketball, gelb für Badminton, blau für Volleyball.

Ein anderer der Kölner, der auf der Bank geblieben ist, neben ein, zwei Elternpaaren, die auch dem Ruf des Turnhallenquietschens gefolgt sind, erzählt von seinem Sport. Wie oft man trainieren muss, um wie gut zu sein, dass Europäer gegenüber den Asiaten international selten eine Chance haben, dass die Dänen noch die Besten sind, dass eine der besten Deutschen eigentlich aus China kommt, wo sie es nicht ins Nationalteam geschafft hat. Sportlergeschichten, denen man gerne zuhört, von Erfolg und Scheitern, von Durchbruch und Rückschlag, die sich aber nicht auf epische Zeiten und Räume erstrecken, sondern in genau festgelegten Feldern stattfanden, in abgesteckten Zeiträumen. Selbst während er auf der Bank sitzt und erzählt, blickt der Junge auf die Spielfelder, legt die Wasserflasche an den Mund, rechnet nach, zählt mit, ballt die

Faust, macht eine wegwerfende Bewegung mit der Hand, stöhnt auf. Manchmal gibt es sogar einen Applaus, ganz kurz, leise, aber er ist aus dem Quietschen der Schuhe herauszuhören.

Das Quietschen der Schuhe auf dem heiligen Boden der Sporthalle, verboten zu betreten mit Straßenschuhen. So viel Schweiß – und ein wenig Blut und Tränen sicher auch – hat er schon nicht aufgesaugt, sondern einfach abperlen und verdunsten lassen auf seiner undurchlässigen Oberfläche und dann wieder niederschlagen lassen an den zinnoberroten Blendziegeln der Wände, an den zur Seite geschobenen Matten (den großen und den kleinen, wie sie im Sportunterrichtjargon genannt wurden), an den Seilen, deren dicke Lederenden die Pubertierenden sich zwischen die Beine hielten, an den Holzklettergerüsten mit den abgerundeten Ecken, an den Basketballkörben, an den Ringen hoch oben unter der Hallendecke, alles hier war schon mindestens einmal bedeckt mit salzigen Schweißtropfen und wenn nicht damit, dann mit jenem weißen Kreidepulver.

Aber wo, muss man sich irgendwann fragen, ist eigentlich der Unterschied zwischen Wimbledon und der Turnhalle der katholischen Hauptschule, zwischen Old Trafford und hier? Wie viel mehr aufgeregt ist ein Spieler, der das Eis betritt, um im entscheidenden Spiel um den Stanley Cup anzutreten, wie viel bedeutender fühlt sich ein Boxer bei der Verteidigung seines Titels? Was denkt ein Fußballballnationalspieler beim Schreiten durch den Stadiontunnel anderes als irgendein Jugendlicher in der Umkleidekabine einer Sporthalle? Wenn man selbst in der Sporthalle steht, kann man diese Fragen nicht beantworten. Alle

Antworten, seien sie auch noch so naheliegend, zum Beispiel dass der Unterschied in einigen Millionen Euro oder dem ein oder anderen chemischen Mittel besteht, hat man vor der Tür gelassen wie die Straßenschuhe.
Er sei eigentlich nicht aufgeregt oder angespannt, vor keinem Spiel, sagt der Junge, der eben noch von der Weltspitze erzählt hat. Bloß konzentriert. Konzentriert sei er. Also doch nicht Old Trafford, doch nicht World Series, doch nicht Händels Champions-League-Hymne, die im Hintergrund erklingt? Doch! Denn welcher Spitzensportler hätte denn anders auf diese Frage geantwortet: keine Aufregung, nur Konzentration, keine Angst, nur Respekt.
Aber es ist ja nicht nur der Sport, der in dieser Arena ausgetragen wird. Schüler schreiten über solches Parkett, um feierlich ihre Abschlusszeugnisse entgegenzunehmen, bewegende Musik wird gespielt, zwischen Volleyballangriffslinie und Freiwurfraum, welche kurz zuvor noch von Schweiß und Magnesiaresten freigeschrubbt wurden. Teenager bestreiten auf diesem Boden ihre ersten Absturzfeste, vielleicht nicht in Köln, aber man muss nur in die Eifel fahren, in den Westerwald und sich die Sporthallen in einer durchschnittlichen Samstagnacht ansehen, die Dramen und Premieren der Pubertät, die denen des Sports in nichts nachstehen, Alkohol ergießt sich in rauhen Mengen auf die notdürftig abgedeckten Felder, und so mancher junge Mensch geht wohl zu Boden, getroffen von einem Foul muss er ausgewechselt werden, bis zum nächsten Sporthallenbesäufnis. So geht das Tag für Tag, Woche für Woche, Jahr für Jahr in den Sporthallen, denen man mehr als Unrecht tut, wenn man sie belächelt als die Stätte der Niederlage im Sportunterricht, den man endlich

hinter sich gelassen hat. Sporthallen hat man niemals hinter sich gelassen, irgendwann wird man in sie zurückgetrieben, und sei es nach einer Evakuierung.

Eine Wasserflasche wird gegen die Bank getreten, der bullige junge Spieler ist immer noch wütend, wahrscheinlich verlief die Partie nicht so, wie er es gewollt hatte. Er legt sich, wie zur Beruhigung seines Gemüts, ein Handtuch über Nacken und Schultern.

Es gibt eine kleine Galerie, die man aus den Umkleidekabinen kommend betritt, viele Sporthallen haben so eine Galerie, als ob dort oben regelmäßig sich die Menschen drängeln würden, wie auf den Tribünen des Bundestages. Wenn man von dort herunterblickt, haben die aufgezeichneten Felder, die symmetrischen Linien und der Kreis in der Mitte etwas Hypnotisierendes.

Videothek

Meine Videothek heißt »Brunos Videothek«. Ich habe nie herausgefunden, wer Bruno ist, obwohl ich in der Videothek mehr Zeit zugebracht habe als beim Sehen der Filme, die ich dort ausgeliehen habe. Das liegt zum einen am eigenwilligen Ordnungssystem von Bruno: Jedes Mal, wenn man die Videothek betritt, sind die Filme anders sortiert, und nie lässt sich ein vernünftiges System dahinter erkennen. Am naheliegendsten ist noch, dass Bruno die DVDs nach den Farben der Cover ins Regal stellt.

Zum anderen liegt es an Videotheken an sich, sie saugen einen ein und lassen einen so schnell nicht mehr los, indem sie einen beständig mit Steinen des Anstoßes beschmeißen, Steinen des Gedankenanstoßes. Kaum einen Meter kommt man vorwärts, ohne dass jemand einen Kommentar zu einem der Filme abgeben würde: Also in dem ist die eine Frau ganz großartig, und da ist nur das Ende gut, und den habe ich ja schon ewig nicht mehr gesehen, den hatte ich ganz vergessen, ich wusste gar nicht mehr, dass es den noch gibt! So geht es dann den ganzen Abend weiter, und hätte ich nicht Nadja dabei, also jemand Quengeligen, der darauf drängt, sich jetzt endlich für einen Film zu entscheiden, dann käme man nie zu einem Ende.

Mit der Zeit kristallisieren sich echte Evergreens heraus bei Bruno, Filme, die man nie ausleiht, aber immer kommentiert, zum Beispiel das ominöse Machwerk »Furz – der Film«, dessen Rückseitentext eine wahre Perle der Rückseitenbetextung darstellt, ich zitiere:

»Collegestudent Artie hat ein kleines Problem mit seiner Verdauung – beziehungsweise ein großes: Er kann seine Blähungen nicht kontrollieren. Dabei ist er Hals über Kopf in die schöne Andrea verknallt. Doch der als Stinktier verschriene Artie kann natürlich nicht bei ihr landen, als sich plötzlich eine Chance vor ihm aufbläht... Eine (fast) normale Lovestory: Junge trifft Mädchen. Mädchen trifft Junge. Junge lässt einen ziehen. Mädchen zieht Leine ...«

Es darf natürlich kein Videothekenabend vergehen, ohne dass man sich einen dieser Text vorliest. Dass der nicht minder ominöse Bruno derlei Filme in seinem Laden hat, wirft natürlich nicht unbedingt ein gutes Licht auf ihn, und mit der Filmkenntnis mancher seiner Mitarbeiter scheint es auch nicht weit her zu sein. Einer jungen Frau musste ich einmal den Namen David Lynch buchstabieren, dann tippte sie ihn in ihren Computer und erklärte mir, von ihm hätten sie »Minority Report« da, als ich dann erwiderte, dass das nicht stimmen könnte, guckte sie nur verdutzt.

Andererseits wohnten wir einer sehr schönen Diskussion bei, als wir eines Nachts »Einer flog über das Kuckucksnest« ausleihen wollten. Der Angestellte, dem ich noch am ehesten zutraue, Bruno zu sein, und ein bei ihm herumhängender Freund wurden durch unsere Auswahl zu einer Diskussion darüber verleitet, für welchen Film Jack Nicholson seinen ersten Oscar bekam. Ein schöner Hauch von Nerdhaftigkeit wehte durch die Videothek, nerdhaft zumindest für die provinziellen Verhältnisse der Hunderttausendeinwohnerstadt in der Bruno seinen Laden führt.

Das ist auch das Problem: Jetzt, die Hunderttausendeinwohnerstädte der Jugend hinter sich gelassen, hat man Bruno natürlich vergessen. Brunos Videothek ist eigentlich gar nicht mehr meine Videothek, ich weiß gar nicht mehr, wann ich das letzte Mal dort einen Film ausgeliehen habe. In den Studentenstädten, da gibt es Videotheken mit einer Nerdhaftigkeit, von der Bruno nur träumen kann: Videotheken, die ausschließlich besonders schlechte Sexploitationfilme aus dem Jahr 1971 führen, die im Dschungel spielen, oder Videotheken, die man nur betreten darf, wenn man ein Studium der Filmwissenschaft abgebrochen hat, oder sogar Videotheken, in denen es überhaupt keine Filme gibt.

Brunos gibt es dort natürlich auch keine und »Furz, der Film« erst recht nicht. Schade eigentlich. Darum trage ich Brunos Videothekenkarte lieber weiter in meiner Geldbörse bei mir, für alle Fälle.

Spielwarenabteilung

An Adventssamstagen herrscht in Spielwarenabteilungen Ausnahmezustand. Gut, könnte man nun einwenden, herrscht an Adventssamstagen nicht in der gesamten Innenstadt Ausnahmezustand? Schon, doch Ausnahmezustand ist nicht gleich Ausnahmezustand, jeder Ausnahmezustand ist einzigartig wie eine Schneeflocke im Wind und muss für sich betrachtet werden.

Der Ausnahmezustand in den Spielwarenabteilungen lässt sich am besten vergleichen mit den Nachrichtenbildern von aufgebrachten, hektischen Händlern an der Börse, die versuchen, noch das Beste herauszuholen mit ihrem Kapital, bevor sie von einem Herzinfarkt erfasst werden und tot umfallen. In Spielwarenabteilungen wird sehr viel über Geld gesprochen, mehr sogar als über Spielwaren. In festgefahrenen Verhandlungen rechnen sich Kinder und Eltern gegenseitig ihre Budgets vor, beziehen zukünftige Geldgeschenke der Großeltern mit ein, halten sich Versprechen vor, die gemacht wurden, und gleichen Listen ab, auf denen die gewünschten Artikel aufgeführt sind. Kinder mit einem zugeklebten Brillenglas suchen Produktnummern und Preisangaben und tragen sie mit ihrer krakeligen Kinderschrift in Kindernotizbücher mit Dinosauriermotiven ein. Die Gänge sind erfüllt mit farbigem Gewusel und Schritten, mit Gequietsche und Geschreie, Streitigkeiten werden lautstark ausgetragen und Millio-

nenbeträge in den Sand gesetzt, eine Atmosphäre, die sich also durchaus mit der Frankfurter Börse vergleichen lässt, bloß dass in Spielwarenabteilungen alles etwas bunter und niedlicher aussieht.
Mit den üblichen Taktiken versuchen die Eltern, die Verhandlungen hinauszuzögern und die Gegenseite zum Abbruch zu bewegen, mangelnde Qualität der Ware, schlechtes Preisleistungsverhältnis, das schon Besitzen eines ähnlichen Spielzeugs werden als Argumente in die Schlacht geführt. Was es hilft, weiß ich nicht. Meist knien die Kinder einfach weiter auf dem Boden und machen sich Notizen, während Anverwandte etwas hilflos drum herum stehen. Man könnte also mit Recht behaupten, wollte man den Börsenvergleich durchziehen, die Eltern seien wie die Kleinanleger: Sie verstehen nicht recht, was passiert, ihnen fehlt der Zugang zu dieser anderen Welt, den der Spielwaren – aber sie wissen, dass sie am Ende alles bezahlen müssen.
Sind sie deshalb mehr im Recht als die Kinder? Ist das Bild, das ich von Spielwarenabteilungen gezeichnet habe so schlimm, dass man diese am besten sofort schließen und den Kindern nur noch Haushaltsgegenstände zum Zeitvertreib überlassen sollte? Natürlich nicht. Kinder brauchen Spielwarenabteilungen, denn von dort bekommen sie ihre Spielwaren. Und wer wollte etwas gegen Spielwaren sagen? Nur ein Unhold, der sich nicht erinnern kann. Die große Ritterburg, das Piratenschiff, das Feuerwehrluftkissenlöschboot und die Weltraumstation, das war doch mehr als nur irgendein Ding aus der Spielwarenabteilung, für das die Eltern seufzend den Betrag am EC-Kartengerät mit dem grünen Knopf bestätigen

mussten, das waren doch Möglichkeiten. Königreiche wurden aus ihnen regiert, die Schätze der Weltmeere geborgen, fremde Planeten besiedelt. Welche Preisobergrenze sollte man denn für diese Möglichkeiten ansetzen, sie waren doch schlicht unbezahlbar. Andersherum hätte es sein müssen, man hätte die Kinder bezahlen sollen dafür, dass sie Piratenschiffe enterten und von Weltraumstationen aus Erkundungsmissionen starteten. Für diese Anstrengungen der Phantasie hätte man ihnen mindestens gewerkschaftlich ausgehandeltes Gehalt zusichern sollen und Lohnfortzahlung im Krankheitsfall und natürlich ein dreizehntes Monatsgehalt, für die anstrengenden Verhandlungen an den Adventswochenenden.
So dachte man zumindest als Kind, hätte man als Kind schon denken können. Eltern verstanden das nicht, am ersten Weihnachtstag sagten sie Dinge wie: »Du hast ja dein Feuerwehrluftkissenlöschboot schon zusammengebaut, so viel Geld für so kurzen Spaß, hättest du dir das nicht besser einteilen können?« Aber das war ja Unsinn, wem ging es denn schon ums Zusammenbauen, doch nur den Tumben, den zukünftigen Ingenieuren, uns ging es doch um das Spielen. Deswegen hieß es ja auch nicht Zusammenbauwarenabteilung, sondern Spielwarenabteilung. Manchmal musste man eine Sache einfach haben, nur weil man ein einziges Teil davon benötigte, ein besonderes Teil natürlich, eine große, runde Scheibe für das Cockpit eines eigenen Raumkreuzers. Eltern verstanden das so wenig wie Kleinanleger das Geschehen an den Weltmärkten.
Aber manchmal ließen sie uns wenigstens gewähren. Dann nahmen sie uns mit zum Einkaufen und setzten uns dort in der Spielwarenabteilung ab, wo wir tagelang vor

den Regalen hätten stehen können, ohne dass uns langweilig geworden wäre, denn hinter den Regalen versteckten sich die wilden Geschichten um große Ritterburgen, die Abenteuer von Piratenschiffen und die spannenden Einsätze von Luftkissenfeuerlöschbooten. Von den Regalen welcher anderen Abteilung kann man so etwas schon behaupten?

Supermarkt (statt eines Nachwortes)

Ich werde eines Tages im Supermarkt steckenbleiben. Das wird so passieren: Ich werde den Markt ganz normal betreten, wie jeden Tag, biege dann ab in die Süßwarenabteilung und umrunde die Regale, weil ich mich nicht entscheiden kann. Ich umrunde sie nochmals und nochmals, bis ich mich entschieden habe, und dann noch ein mal, bis ich wieder vergessen habe, wofür ich mich entschieden hatte. Was soll ich kaufen, werde ich mich fragen: kerniges Mürbegebäck, Schokolinsen mit Zuckerüberzug, Erdnüsse in Milchschokolade oder Puffreis und Cerealien in Kakaocreme? Ich werde mich einfach nicht entscheiden können. Ich werde natürlich wissen, dass mich Mürbegebäck und Zuckerüberzug und Kakaocreme eines Tages umbringen werden – es ist ein langsamer Prozess, in dem sie mich umbringen, aber er prozessiert schon vor sich hin. Das Diabetesrisiko steigt, die Organe verfetten, die Herzkranzgefäße verschließen sich, der Zuckerüberzug legt sich über die Arterien, die Kakaocreme verschließt die Poren, die Nervenzellen werden zu Mürbegebäck. Das werde ich wissen, aber sonst nichts, denn wenn man weiß, dass einen etwas ins Grab bringen wird, dann fällt es nur noch schwerer, sich das Etwas auszusuchen. Denn dann muss es auch gut sein. Perfekt, geradezu.

Ich werde also auf der Suche sein nach dem einen Produkt, worauf ich Hunger habe und worauf ich später Hunger haben werde und worauf ich Hunger haben könnte, und dabei umkreise ich die Regale so lange, bis die Supermarktkunden und das Supermarktpersonal auf mich aufmerksam werden. Aber das ist meinem Mürbegebäckhirn egal, ich ziehe weiter meine Kreise, gedankenverloren, von meinen Wünschen in einen wunschlosen Zustand getrieben, in ein Süßwarenabteilungsnirwana. »Störe meine Kreise nicht« werde ich den Hausdetektiv anfauchen, wenn er kommt in seinem 9-Euro-99-Wühltisch-Pullover, um mir Hausverbot zu erteilen. Was kümmert einen denn ein Hausverbot, wenn man sich nicht entscheiden kann! Also werde ich tage-, monate-, jahrelang umherirren, tiefe Furchen in den Supermarktfliesenboden laufen. Ich werde ein Teil der Supermarkteinrichtung werden, der Supermarkt wird das Jubiläum meiner Verirrung feiern mit Sonderaktionen und Angebotspreisen und Kinderschminken und einer Hüpfburg draußen. Ich werde Süßwarenprodukte kommen und gehen sehen, die Preise steigen, die Öffnungszeiten werden länger, die Preise fallen wieder und die Öffnungszeiten werden wieder kürzer. Ich werde die freundliche Kassiererin grüßen, wenn ich sie auf meinen sinnlosen Rundgängen treffe, ich werde aber auch die unfreundliche Kassiererin grüßen, die mit dem Damenbart und dem Sprachfehler. Ich werde immer wieder, wenn ich an den Leuchttafeln der Kassen vorbeikomme, denken, dass die Formulierung »Letzter Kunde« – also der Übergangsstatus von »Geöffnet« zu »Geschlossen« –, dass eben diese Formulierung mir viel zu pathetisch ist: letzter Kunde, letzter Mohikaner, letzte

Gelegenheit, das ist mir alles zu entschieden und Entschiedenheit missfällt mir, das ist ja gerade der Grund, warum ich gefangen sein werde im Supermarkt. Letzter Kunde, das ist so übertrieben pathetisch wie das sich langsam schließende Rollgitter der Zigarettenauslage.
Ich werde also umherirren, vielleicht werde ich trotzdem ein zufriedenes Leben haben, heiraten, zum Hochzeitsmarsch durch die lichtschrankengesteuerten Klappschleusen am Supermarkteingang marschieren, während die Kassiererinnen mich und meine Braut mit Treuepunkten und Damenbarthaaren bewerfen. Ich werde Kinder zeugen, die ich auf den Schultern durch die Süßwarenabteilung trage, die ich in die Geheimnisse des Lebensmitteleinzelhandels einweihe, denen ich beibringe, nie den ersten Artikel in einer Reihe zu nehmen, sondern immer einen von ganz hinten, weil die am wenigsten angegrabbelt sind, und denen ich erkläre, wie sie verderbliche Produkte verstecken können, um sie dann zu kaufen und beim Zurückgeben ein Fläschchen Prosecco mit einem Entschuldigungsetikett zur Entschuldigung zu erhalten. Vielleicht werden meine Kinder sogar vom Prosecco-Weiterverkauf leben können. Irgendwann werde ich ein alter, gebrechlicher Mann sein, und niemandem wird es mehr groß auffallen, dass ich verwirrt durch die Regale laufe, weil man das als den mir angemessenen, natürlichen Zustand betrachten wird, als das Hobby meiner Generation, als etwas, das alte Menschen mit leidenschaftlichem Sportsgeist betreiben: verwirrt im Supermarkt herumlaufen. Schließlich wird es auch für mich so weit sein, denn selbst eine ewige Suche sichert nicht das ewige Leben – selbst sich jeder Entscheidung zu entziehen, schützt einen

ja nicht davor, dass man am Ende abtreten muss, ob man sich nun dafür entschieden hat oder dagegen oder ob man sich eben nicht entscheiden wollte. Also werde ich zusammenbrechen vor einem der Regalfächer – vielleicht auch genau in dem Moment, als ich mich endlich entschieden haben werde, als ich gerade das Produkt aus dem Regal ziehen will, das ich gesucht habe, das, worauf ich Hunger hatte und habe und haben werde und haben könnte und hätte haben können zugleich. Ich werde umfallen und das Produkt wird neben mir auf dem Boden aufschlagen, noch viel pathetischer aufschlagen, als die Schrift »Letzter Kunde« aufleuchten und das Rollgitter der Zigarettenausgabe sich schließen kann.
Dann wird meine Frau an der Kasse um mich weinen im schwarzen Kostüm einer Witwe, gewebt aus Kassiererinnendamenbarthaaren, meine Kinder werden Einkaufswagen mit Blumenkränzen vor die Regalreihe schieben, vor der es mit mir zu Ende ging, und meine liebsten Regalauffüller werden sich in ihre dunklen Konfirmationsanzüge werfen und meinen Sarg feierlichen Schrittes durch die Gänge tragen, hinüber zur Information, wo sie an dem Ausgang, den man nimmt, wenn man nichts gekauft hat, kurz warten müssen. Sie müssen innehalten, bis die Mitarbeiterin den kleinen Knopf unter der Theke gedrückt hat, ein Summen ertönt und sie mit meinem Leichnam auf den Schultern durch die kleine Klappschleuse nach draußen schreiten können.